आनुवांशिक उत्पात

(काव्य संग्रह)

डॉ० सुभाष चन्द्र गुरुदेव

डायमंड बुक्स

www.diamondbook.in

प्रकाशक : डायमंड पॉकेट बुक्स (प्रा.) लि.
X-30 ओखला इंडस्ट्रियल एरिया, फेज-II
नई दिल्ली - 110 020
फोन : 011- 40712200
ई-मेल : sales@dpb.in
वेबसाइट : www.diamondbook.in

Aanuvanshik Utpat (Kavya Sangrah)
by : *Dr. Subhash Chandra Gurudev*

लेखक की बात

क्षिति, जल, पावक, गगन, समीरा,
पंच तत्व मिल, बना सरीरा।।

मैं केवल इतना ही कहना चाहता हूँ कि उपयुक्त कथन एक साहित्यकार के अथक प्रयासों का ही परिणाम है, तभी तो सदियों से इसे सर्वमान्य की हैसियत प्राप्त है। मैं भी असहमत नहीं हूँ। पर आज के संदर्भों और तथ्यों को लेकर कुछ लिखने का प्रयास भर कर रहा हूँ।

आज तो सभी को पता है कि मोबाइल की अधिकांश जानकारियों को हम बादल यानी क्लाउड में सुरक्षित कर लेते हैं व वक्त जरूरत पर फिर प्राप्त कर लेते हैं। परन्तु, इसके बीच आने वाले गतिरोधों, अड़चनों को नजरंदाज नहीं कर पाते। क्या पता कब कौन से समाचार से खिलवाड़, छेड़खनी हो जाय, किसका पोस्ट किसको मिले, मिले भी तो अपभ्रंश का समावेश हो जाए। अरे मोबाइल ही किसी को लगाइये किसी को मिलता है। हैक हो जाए, मेक हो जाए, शेक हो जाए, वह अलग। मेरे संशय के पात्र हैं, सूर्यपुत्र कर्ण व पाण्डवों हेतु वातावरणीय तथा चिन्ता, ग्लानि, कुण्ठा की मिलीजुली परिस्थितियों के परिणाम स्वरूप हुए पुत्रों की शारीरिक, मानसिक सुदृढ़ता व कमजोरी जो हमने सुनीं पढ़ी है।

एक तो नई सदी इसका उत्तर चाहती है। दूसरे, कहती है कि क्या प्रमाण है कि इन्हीं पाँच तत्वों से शरीर का निर्माण हुआ है। पर जब हम किसी साहित्यकार के अभिमत को स्वीकार कर लेते हैं तो अन्य किंवदन्तियों, वृन्तान्तों को भी इसी दायरे में ले लेते हैं।

मेरा इशारा सूर्य व चन्द्र ग्रहण, तीव्र सर्दी, गर्मी, वायुमंडल, भूकम्प, तूफान, बादल फटना आदि की तरफ केवल इतना कहना है

कि उक्त वर्णित तीव्र आवेश वाले प्रहारों का जन्म कहीं उसी बिजली जैसे प्रभावों का परिणाम तो नहीं। और ऐसी ही किरणें अगर सूर्य व चन्द्र ग्रहण के समय गर्भस्थ बच्चे को अपने स्पर्श से प्रभावित कर जाती हों तो?

भले मैं इस बात से सहमत न होऊँ पर अन्यान्न विषयान्तर्गत उतार–चढ़ाव, विकृतियों पर नजर जाती है तो बहुतायत में बातें आज भी विज्ञान की नजर में अनुत्तरित हैं। जैसे–

1. कैसे स्त्री, पुरुष के जीन्स क्रोमोजोन्स अचानक अपनी संख्या कम या ज्यादा कर सकते हैं?
2. कैसे ये दोनों मिलकर उद्देश्यात्मक परिणाम बाधित कर सकते हैं?
3. कैसे दिमाग की उन तरंगों का उत्पादन कम या ज्यादा कर सकते हैं, जब तक वे पूर्व निर्दिष्ट न हों?
4. कैसे शरीर के तमाम अंग–प्रत्यंग कम या ज्यादा तथा कार्य प्रणाली में बदलाव ला सकते हैं?

मैं भी समझने की कोशिश में हर स्त्री, पुरुष सम्बन्ध, पर्यावरण प्रदूषण से लेकर आंधी–तूफान, भूकम्प, बिजली कौंधने आदि पर प्रश्न चिन्ह नहीं लगा रहा। पर सामाजिक सोच में बदलाव आये और कदाचित इन बदलावों की वजह से उत्पन्न हुए बच्चों, जिनमें कटे ओंठ, व तालू, शारीरिक विकलांगता, रतौंधी, अत्यधिक मोटे–दुबले, लम्बे–नाटे, हिजड़े, किन्नर यानी मंगलमुखी आदि तक किसी की भी कलम अपर्याप्त ही चली है। पर सेवा के इन तलबगारों को मुख्य धारा तक लाने के संकल्प तक जितना पहुंच सका हूँ, वह मेरे जैसों के लिए पर्याप्त है।

अपने से पहले वाली पीढ़ी के गुणों की तरह होने को विरासत, आनुवांशिकता, पैतृकता कहते हैं। यह वह तकनीक है जिसमें एक बार लिखे कोड का पुनः उपयोग आसानी से सम्भव हो जाता है। सन्तान गुण व स्वभाव की विरासत के साथ ही नई कक्षा में जाता है।

मुख्यतः नर शुक्राणु व स्त्री अण्डकोशिका के संयोग से संतान की उत्पत्ति होती है। दोनों के केन्द्रक सूत्रों में उपस्थित जीन के स्वभाव के अनुसार सन्तान के मानसिक, शारीरिक गुण, दोष निर्धारित होते हैं।

जीन में से एक या कुछ अधिक के दोषी होने के कारण संतान में भी वे दोष पहुँच जाते हैं।

कई, कई दोषों में अगली पीढ़ी तक रोग उत्पन्न नहीं होता। केवल शारीरिक गठन वैसा दिखता है कि उसमें विशेष प्रकार के रोग के शीघ्र उत्पन्न होने की सम्भावना दिखती है। इसलिए यह जान पाना कि विशेष प्रकार का रोग आनुवांशिक है कि नहीं या प्रतिकूल परिस्थितियाँ सहयोगी होंगी या नहीं, मुश्किल होता है। बहुत से जन्मजात रोग अधिक आयु में सामने आते हैं। वहीं कुछ दोषयुक्त जन्म लेते ही मर जाते हैं।

तिरोधात्मक–रेसेसिव रोग युक्त जीन की उपस्थिति पर इनके प्रभाव से रोग प्रत्येक पीढ़ी में आ तो जाते हैं, किन्तु तिरोहित जीन के कारण वंश में होने वाली किसी संतान में अनायास प्रकट हो जाते हैं। ऐसा ही ग्रेगर जोहन मैंन्डेल ने 1866 में भी वर्णन किया है।

मैंन्डेल'स के अनुसार :–

1. प्रभुत्व का सिद्धान्त
2. अलगाव या शुद्धता का सिद्धान्त
3. स्वतंत्रता का सिद्धान्त

प्रत्येक प्राणी का निर्माण मूल रूप से कोशिकाओं द्वारा होता है। इनमें कुछ गुण सूत्र पाए जाते हैं। जिनकी संख्या प्रत्येक प्रजाति में अलग होती है। इन गुण सूत्रों के अन्दर कुछ डी.एन.ए. की रासायनिक क्रियाएँ पाई जाती हैं जो मोतियों की माला की तरह गुथी होतीं हैं, उन्हें जीन कहते हैं। यही जीन गुण सूत्र के लक्षणों अथवा गुणों के प्रकट होने, कार्य करने और अर्जित करने के लिए जिम्मेदार हैं।

होमो सैपियन्स यानी मानव में गुण सूत्र की संख्या (46) छियालिस हैं। जिनमें दो 2 यौन सूत्र हैं।

आशा ही नहीं, विश्वास है कि इतनी कम प्रचलित व्याधियों के उठाने और उनकी शैक्षणिक, शारीरिक, व्यवहारिक, वैयक्तिक कमियों की ओर अगर इशारा भी कर सका हूँ तो इसके लिए माता सरस्वती के प्रति आभारी हूँ। कोशिश तो की है कि अधिक असर कारक यानी नुकसानदेह सामान्य पैतृक, चयापचय तथा बड़े अंगों की खराबी से उत्पन्न बीमारियों को शामिल कर लूँ। पर मैं अपनी क्षमता को समझता हूँ। इसलिए जितने विषय ला पाया हूँ, उसी पर फिलहाल संतुष्ट हूँ।

यदा यदा हि धर्मस्य ग्लानिर्भवति भारतः।
अभ्युत्थानम् अधर्मस्य तदात्मानम् सृजाम्यहम्।।

अर्थात जब–जब धर्म की हानि होने लगती है और अधर्म बढ़ने लगता है, तब–तब मैं स्वयं की रचना करता या जन्म लेता हूँ। मानव की रक्षा, दुष्टों के विनाश और धर्म की पुर्नस्थापना हेतु अलग–अलग गुणों में अवतार लेता हूँ।

इस प्रकार श्री हरि के दस अवतारों का जिक्र इसलिए कर रहा हूँ कि इसी को विज्ञान ने हू–ब–हू प्रतिस्थापित किया लगता है। लाखों वर्षों के ज्ञान को जिन–जिन नामों से घोषित किया है, उससे तो ऐसा लगता है जैसे किसी चलचित्र मे दृश्यों का अवलोकन हो रहा हो।

परन्तु, जब उसे ही मानव अपनी वैज्ञाानिक प्रमाणिकता के साथ प्रस्तुत करता है तो आसानी से विश्वास नहीं होता। मैं तो यह कहूँगा कि कैसे एक छोटे से मटर के दाने से उत्पन्न कई पीढ़ियों में होने वाले बदलाव को, जिसमें मछली, मेंढ़क, घोड़े और मानव के आकार प्रकार व ज्ञान को सामने रखा।

यह अकाट्य सत्य है कि प्रकृति ही हमारी सबसे बड़ी गुरु है, जो बिना बोले सभी परिवर्तनों का गवाह बना रहता है। उसी की छांव में पैदा हुई, हमारे अस्तित्व में आने वाली पुरानी पीढ़ी, जो अफ्रीका,

जावा, सुमात्रा, चीन, अण्डमान में है। और कहते हैं कि इसका रास्ता हिमालय से रोम और चीन तक फैला है। सभी की बनावटों, आचार विचार व व्यवहार आदि के परिवर्तनों को जैनैटिक व क्रोमोजोमल म्यूटेशन के साथ व डारविन के प्राकृतिक चयन से लेकर मेंण्डेल्स के नियमों का पालन करते देखा जा सकता है।

इसीलिए मानव के उत्पत्ति काल का विवरण स्पष्ट करने में कहीं–न–कहीं कुछ बातें छूट भी गईं हो, हो सकती हैं, अतः मेरी कलम से समय व ज्ञान को दोषी माना जा सकता है।

पौराणिक साहित्य के अनुसार निम्न क्रम से मानव की उत्पत्ति की शास्त्रोक्त व्याख्या की गई बताई जाती है। और श्री हरि को ही इतने आकार–प्रकार में अवतार बताकर विशेष कर हिन्दू धर्मावलम्बियों ने इसे संजोने में जो सफलता पाई है इसके लिए वे बधाई के पात्र रहेंगे।

1. मत्स्य अवतार
2. वाराह अवतार
3. कच्छप, कूर्मा अवतार
4. नृसिंह अवतार
5. वामन अवतार
6. परसुराम अवतार
7. राम अवतार
8. कृष्ण अवतार
9. बुद्ध अवतार
10. कल्कि अवतार :– कीचड़ से निकलने वाला है

जो जन्म के समय या जन्म के पहले या बाद में स्पष्ट या सीमित रूप प्रतीत होतीं हैं उन्हें विज्ञान विरासत, जन्मजात या, आनुवांशिक चिकित्सकीय स्थिति कहते हैं। ये शरीरिक बनावट के साथ–साथ चयापचय के आधार पर गर्भ के समय, जन्म के समय या उसके बाद जानकारी में आये विकारों की तरफ इशारा करती हैं।

जन्मजात, विरासत, आनुवांशिक विकारों का वर्गीकरण–

अ. बनावट सम्बन्धित

1. कम या ज्यादा **ऊँगुलियाँ**
2. पैदाइशी – कटे फटे ओंठ व तालू
3. पैदायशी दिल के रोग
4. विकृतियाँ
5. नसों सम्बन्धित
6. पाचन तन्त्र सम्बन्धित
7. वृक्क सम्बन्धित

ब. चयापचय (मैटाबोलिक)

स. आनुवांशिक, पैतृक

1. एकल वंशानुक्रम
2. कई–कई वंशानुक्रम
3. बहुस्तरीय वंशानुक्रम
4. श्रेणीबद्ध वंशानुक्रम
5. संकर वंशानुक्रम

– एक या अनेक गुण सूत्रों का होना या न होना। कारणः–

नुकसानदेह तत्व, दवाइयाँ, सिगरेट, रोशनी, शराब, संक्रमण, शारीरिक रुकावटें, गुण सूत्र, उपयुक्त आहार की कमी, सामाजिक, आर्थिक, विकिरण , माता–पिता की उम्र, व अनजानी।

माता, किशोर व बच्चों के लिए कुछ रोचक विषयों के साथ कुछ अन्य स्वास्थ्य विकारों को कविता के स्वरूप में पेश करने में भी मुझे खुशी का अनुभव हो रहा है। पाठक की स्वीकारोक्ति ही मेरी धरोहर है।

सुधार एक आवश्यक कड़ी है। गलतियों के कारण तथा नित नई जानकारी को स्वागत योग्य मानूँगा।

–डॉ. सुभाष चंद्र गुरुदेव
एम.एस.सी., एम.बी, बी.एस
इन्दिरा नगर लखनऊ
उत्तर प्रदेश, भारत
मो.– 8127934756

डा० नीतू मिश्रा
डी०जी०ओ०, डी०एम०सी०एच०
स्त्री एवं प्रसूति रोग विशेषज्ञ
Mob.: 9415135597
रविवार अवकाश

AMC

अकबरपुर
मेडिकल सेन्टर
9415135597
9838666860

ओवर ब्रिज चौराहा, औरैया रोड, अकबरपुर-कानपुर (देहात)

पुस्तक समीक्षा
पुस्तक का नाम - आनुवांशिक उत्पात
(काव्य संग्रह)
रचनाकार - डॉ. सुभाष चंद्र गुरूदेव
प्रकाशन - डायमंड प्रकाशन
समीक्षक - डॉ. नीतू मिश्रा

प्रस्तुत पुस्तक के रचनाकार डॉ सुभाष चंद्र गुरूदेव ने कविता करना, जीवन में काफी देर से प्रारम्भ किया । शायद तब तक उनको स्वयं अपनी इस प्रतिभा का भान नहीं था। प्रांतीय चिकित्सा सेवा में कार्यरत रहते हुए, विभिन्न राष्ट्रीय कार्यक्रमों एवं योजनाओं के प्रचार के प्रयास में कुछ लिखना प्रारम्भ किया, जो कि मूलतः सभी स्वास्थ्य समस्याओं से संबन्धित रचनाएं ही थीं । उनका ये प्रयास फिर उनके व्यक्तित्व का आयाम बन गया और निखर कर आया उनका कवि स्वरूप।

अनेकों विषयों पर लिखते हुए भी, उनके हृदय के सबसे निकट जो विषय थे, वे चिकित्सा संबन्धित ही थे, जिसके कारण उन्होनें इन्हीं विषयों पर गहन शोधात्मक कविता की। चिकित्सक होने के कारण विषय का ज्ञान सहायक सिद्ध हुआ, और पहली बार किसी ने स्वास्थ्य समस्याओं पर कविता संग्रह लिखने प्रारम्भ किये।

कवि की प्रस्तुत कृति उनके कृतित्व का उत्कृष्ट उदाहरण है। यह पुस्तक उनकी हाल ही में प्रकाशित एवं पुरुस्कृत कविता संग्रह 'स्वास्थ्य संहिता' की ही अगली कड़ी के रूप में देखी जा सकती है।

प्रस्तुत कृति में कवि ने मूलतः मनुष्य की उत्पत्ति एवं विकास पर तथ्यात्मक कविता की है। मानव की उत्पत्ति के इतिहास में किस प्रकार वैज्ञानिक परिवर्तन अर्थात म्यूटेशन हुए उनसे किस प्रकार अनेक जीव और मानव उत्पन्न हुआ, इसका सहज सजीव चित्रण है पुस्तक में। एक ओर जहाँ रचनाकार ने विज्ञान के सिद्धान्तों और वातावरण, सूर्य एवं चाँद की किरणों के विकिरण का असर मानव के विकास में असर डालता है, ऐसा बताया है, तो दूसरी तरफ हमारे वेद पुराणों में वर्णित अनेक घटनाओं एवं कथाओं का आधार भी वैज्ञानिक है, ऐसा उन्होंने इंगित किया है। हमारे पुराणों में वर्णित विष्णु के दशावतार भी कहीं मानव की उत्पत्ति और विकास को

तो नहीं दर्शाता, ये उनका कहना है। उनके इस प्रकार के प्रश्न वैज्ञानिकों के लिए नई खोज करने के विषय बन सकते हैं।

> ''गुण दोष सभी पैतृकता, के आधारित होते हैं।
> प्रभावी से अप्रभावी सदा, फिर भी कमतर होते हैं।।
> सभी कुछ होता मैण्डैल्स, के सिद्धान्त के अनुसार।
> जीन्स व क्रोमोजोम्स तो, सम्वाहक भर होते है।।''

आनुवांशिकता पर आधारित उनकी कविता से लिए गए उपर्युक्त काव्यांश में उन्होंने आनुवांशिकता (जेनेटिक्स) व उससे जन्मी बीमारियों पर जो प्रकाश डाला है, वो जरूर लाभप्रद होगा। जैसे गुण दोष सभी पैतृकता पर आधारित होते है। प्रभावी और अप्रभावी गुण सभी मेंडेल के नियमों के अनुसार जीन्स और गुणसूत्रों पर रहकर पीढ़ियों में चलते रहते हैं।

कविताओं की भाषा सहज ही समझ आने वाली सरल हिन्दी है, जिससे कि यह पुस्तक जन सामान्य तक अपनी पहुँच बनाने की क्षमता रखती है।

विज्ञान के विद्यार्थियों के लिए भी यह पुस्तक उपयोगी साबित होगी। चिकित्सा एवं विज्ञान जैसे गूढ़ विषयों करे सरलतम भाषा में जन साधारण तक पहुँचाने का कवि क प्रयास सार्थक रहा है।

मैं स्वयं एक चिकित्सिका होने के कारण, पुस्तक को उसी दृष्टि से देख पा रही हूँ जिस लक्ष्य को लेकर कवि ने ये रचना की है, और मैं ये पूरे विश्वास से कह सकती हूँ कि वो अपने कृतित्व पर पूर्णतः खरे उत्तरे है।

- विषय की आवश्यकता के अनुसार कवि द्वारा कहीं कहीं जो वैज्ञानिक शब्दावली प्रयोग की गई है, वो जरूरी थी, पर वही कभी कविता को जन मानस के लिए कुछ कम रुचिकर भी बना सकता है। अन्यथा कवि अपने प्रयास में पूर्णतया सफल रहे हैं।

अंततोगत्वा कविता रूप में जो ज्ञान एक चिकित्सक रूपी कवि ने इस कठिन विषय पर सरलता से प्रदान किया है वो अतुलनीय है, और इसके लिए कवि भूरि भूरि प्रशंसा के पात्र हैं।

Dr. Neetu Mishra
MBBS, DGO, DMCH
Sonologist & Gynaecologist
Reg. No.- 39348

Dr. F.I. Zuberi
MBBS, DOMS, PMHS (R)
CONSULTANT EYE SURGEON
RADHA GRAM, HARDOI ROAD, LUCKNOW
Mob.: 9839066245

दो शब्द....सितारों से आगे

साल 1967 को किला फतेहगढ़ की बड़ी बड़ी चट्टानों को जोड़कर बनाये गये बुर्जो के बीच सर उठाये खड़ी गान्धी मेडिकल कालेज भोपाल म.प्र. की भव्य इमारत के अन्दर घुसते और सीनियर्स के कड़े अनुशासन के बीच पहले ही दिन से अहसास हो गया कि मैं व सुभाश के साथ प्रवेष पाये करीब 170 छात्र अब अपने सुनहरे भविष्य की ओर कदम बढ़ा चुके हैं। और समाज के उस स्तर को प्राप्त करेंगे जिसे समाज भगवान के बाद दूसरा रूप मानता है।

प्रारम्भ से ही डीन साहब व अध्यापकों द्वारा उच्च आदर्शों के साथ शिक्षा के स्थापित ऊंचे मानदण्डों की शिक्षा मिली। फिर कैडेवर पर डिसेक्शन के दौरान मानव शरीर के रेशों रेशों से परिचिति हुये और गाड़ी अपनी रफ्तार पकड़ लेती है। हम दोनों सी ब्लाक होस्टल में एक ही विंग में पांच साल साथ रहते थे। जिससे एक दूसरे को भली भाँति जान गये कि दोनों में साहित्य के गुण मौजूद हैं पर उस समय केवल पढ़ाई पर ही घ्यान देना उचित समझ साथ साथ पढ़ने लगे।

डा0 सुभाष चन्द्र गुरुदेव जो एम.एस.सी.करके एम.बी,बी.एस.करने आये थे व उम्र में थोड़ा बड़े थे। मेरी दोस्ती उनसे कुछ ज्यादा थी। और मैं इनसे प्रभावित था। हम लोगों ने उत्तर प्रदेश सेवा में आने के बाद भी अपने उत्तरदायित्वों का भली भांति निर्वाह करते हुये भी साहित्य से सम्बन्ध जीवित रखा। जहाँ जहाँ भी गये वहां की साहित्यिक गतिविधियों के न केवल केन्द्र बिन्दु बने रहे बल्कि काव्य गोष्ठियाँ व सम्मेलन भी आयोजित करते रहे। इनकी पांच पुस्तकें 1/सुन्दरम् 2/ सत्यम् 3 /शिवम् 4/ अरगनी 5/स्वास्थ्य संहिता आई। जिनका काफी स्वागत हुआ, मुझसे अधिक तो मेरीं बेटियाँ इनकी प्रशंसक हैं। स्वास्थ्य संहिता को इण्डिया बुक आफ रिकार्डस, एशिया बुक आफ रिकार्डस से 2018 में तथा गोल्डेन बुक आफ वर्ल्ड रिकार्डस से 2019 में नवाजा जा चुका है।

रिटायरमेंण्ट के बाद डा0 गुरुदेव तो पूर्णतः साहित्य को समर्पित हो गये तथा दस सालों में लखनऊ के साहित्य जगत में विशेष स्थान बना ही लिया है। इनकी पुस्तक स्वास्थ्य संहिता का विमोचन उ.प्र. भाषा संस्थान के कार्यवाहक निदेशक के साथ तीन कुलपतियों की उपस्थिति में उ.प्र. विधान सभा के सभापति श्री हृदय नारायण दीक्षित द्वारा 11/10/2019 को डा0 शकुन्तला मिश्रा पुनर्वास विश्वविद्यालय लखनऊ में समारोह पूर्वक किया गया। इस पुस्तक में इन्होंने स्वास्थ्य व चिकित्सा विशयों पर काव्य रचानायें करने के कारण ही इनकी पुस्तक को दुनियां की उक्त विषय की प्रथम पुस्तक घोषित किया है।

हिन्दी के विभिन्न रसों में रचना करना आसान है और कविता की विभिन्न प्रचलित शैलियों जैसे करुण रस,वीर रस,श्रंगार रस, राष्ट प्रेम आदि पर भी कलम चलाने में आसानी है। इनमें षब्दों का चयन तथा विचारों में अपनी मर्जी चल सकती है जो कभी कभी वास्तविकताओं से बहुत दूर भी होते हुये न सिर्फ गवारा की जाती है बल्कि उसकी प्रशंसा भी बहुत ज्यादा की जाती है। परन्तु साइंस विशेषकर मेडिकल साइंस से सम्बन्धित विषयों पर लिखना तलवार की धार पर चलने जैसा होता है। इसके लिए साहित्य के तकाज़ों को पूरा करने में महारत के साथ ,विषय का सही ज्ञान होना भी आवश्यक है। डा0 गुरुदेव ने चिकित्सा विज्ञान में निरन्तर तीव्र गति से हो रहीं प्रगतियों का समावेश करते हुए कवितायें लिखीं हैं वे उस ज्ञान से बहुत आगे निकली हुई लगती हैं जो हमें 50 ,60 बर्ष पूर्व प्राप्त कीं थीं। इसके लिये उन्हें अपने को अपडेट रखने के लिये निरन्तर स्टडी करते रहना पडा है और कालान्तर में होने वालीं तकलीफों का भी इसमें जिक किया है। इसके साथ साहित्य के तकाजों को भी पूरा किया है । विशेष रूप से शब्दों का चयन, फार्म के चयन आदि पर विशेष ध्यान दिया है। एक जटिल विषय को, जिस पर सभी को अपनेतौर पर रुचि होती है, को सरल बनाकर पेश किया है। आमतौर पर जन सामान्य में विभिन्न बीमारियों के वारे में सही ज्ञान नहीं होता बल्कि वह सुनी सुनाई बातों और विचारों के अनुसार रोगों के 'एक' उपचार की व्याख्या करते हैं। जिसके परिणाम कभी कभी हानिकारक भी निकलते हैं।कभी कभी तो वे रोगों को दैवी प्रकोप भी मानने लगते हैं। कभी तो खान पान,जादू टोना, झाड फूंक,अनावश्यक त्याग आदि में पड़कर घातक स्थितियां मोल ले लेते हैं। जहां तक इसके साहित्यिक विश्लेशण का प्रश्न है तो इसे पाठकों पर छोड़ देना चाहिये। पुस्तक में दिये गये ज्ञान का फायदा सामान्य जन उठा सकते हैं।मेरे विश्वास के अनुसार पुस्तक स्वास्थ्य संहिता इसमें मील का पत्थर साबित हो रही है।

इसी कड़ी की अगली पुस्तक है ''आनुवांशिक उत्पात'' जिसमें डा0 गुरुदेव ने न केवल जैनेटिक्स यानी पैत्रकता या आनुवांशिकता के बारे में लिखते हुये पूर्ण मानव विकास का खाका सूक्ष्म में खीच कर रख दिया है। खास बात तो यह है कि उसको पुराने ग्रंथों में, सदियों पूर्व लिखे गये से तारतम्य बैठाने का अद्भुद प्रयास किया है । जिससे न केवल पाठकों की ज्ञान वृद्धि होगी वरन कई के उत्तर से तो केवल भविष्य ही पर्दा उठाने में सक्षम है।

इसी तरह पैतृकता या आनुवांषिकता के दुष्परिणामों से उपजे मानव के लिये तो किसी आतंक या उत्पात से कम नहीं लगता। यही पर मैं उनकी पुस्तक का नामकरण आनुवांषिक उत्पात को शत प्रतिशत सही घोषित करता हूँ । पूर्व पुस्तक की तरह लेखन में पुष्टता तथा शैली की परिपक्वता के पाठक भी कायल होने से बच नहीं सकते। बीमारियों की भी काफी लम्बी लिस्ट है। जिसमें जन्मजात व मैटाबोलिक यानी चयापचय की कई बीमारियों को स्थान दे सके हैं जिसके लिये वे बधाई के पात्र हैं । जिन्हें पढ़ने के बाद हर कोई आश्चर्य में पड़ सकता है कि आखिर इन बीमारियों के साथ या बाद में आई, न ठीक होने वालीं खराबियों व विकृतियों के लिये ,वे कहां तक दोषी हैं। तो पाता हूँ कि यह करीब करीब नगण्य है।फिर भी डा0 गुरुदेव मानसिक स्वास्थ्य ,चिन्ता, प्रदूषण,दवाइयाँ भोजन व सिगरेट को कहीं कहीं,कुछ प्रतिशत तक दोषी मानते हैं।

मैं इनके चिंतन,मनन व लगन के साथ लगने के लिये उनके उज्जवल भविष्य की कामना करता हूँ । और यह तब ही होगा जब अधिकतर ज्ञानी पाठक पढ़कर अपनी राय से लेखक का हौसला बढ़ायेंगे।मुझे पूरा विश्वास है कि डा0 गुरुदेव की मेहनत इतने आगे निकलने वाली है कि जहाँ बुलन्दी की कोई सीमा न हो। बस मैं तो यही कहूँगा 'सितारों से आगे जहां और भी है''।

डा0 एफ.आई जुबेरी

King George's Medical University
Uttar Pradesh, Lucknow – 226003, India

Prof. Madan Lal Brahma Bhatt
Vice Chancellor

सन्देश

चिकित्सा क्षेत्र के लिए अत्यन्त हर्ष की बात है कि पुस्तक **''आनुवांशिक उत्पात''** के लेखक डा0 सुभाष चन्द्र गुरूदेव निवासी–इन्दिरा नगर लखनऊ, उत्तर प्रदेश भारत के द्वारा रचित इस क्षेत्र की दूसरी पुस्तक है, जो पाठकों के हाथ में जा रही है, जो पाठकों के हाथ में जा रही है।

इनकी पहली प्रकाशित पुस्तक **''स्वास्थ्य संहिता''** की प्रशन्सा हो रही है और कई सम्मानों से अलंकृत हो चुके है।

दोनो पुस्तकें हिन्दी कविता में लिखी गयी हिन्दी की भारत तथा एशिया की प्रथम पुस्तक घोषित हो चुकी है।

जहाँ **''स्वास्थ्य संहिता''** को जन जन के हित की पुस्तक माना गया है, वहीं **''आनुवांशिक उत्पात''** विशिष्ट श्रेणियों द्वारा अवश्य सराही जायेगी, ऐसा मेरा विश्वास है।

मैं डा0 गुरूदेव व इनकी दोनों पुस्तकों की सफलता की कामना करता हूँ।

मदन लाल ब्रह्मभट्ट
(प्रो0 एम0 एल0 बी0 भटट) 17/12/19
कुलपति

W: +91-522-2257540, M: +91-9415020601, Fax: +91-522-2257539
E-mail: vc@kgmcindia.edu :Web kgmu.org
Twitter@kgmulucknow, Facebook: kgmuupdate
E °59 '54 80° N °9 '52 26° ordinates-Co

विषय सूची

लेखक की बात 03

अनुसंशा 09

दो शब्द 11

प्रथम खण्ड

01. इबादत 17

02. मुक्तक 18

03. मुक्तक 19

04. पेड़ों में जीवन 20

05. मानव मूल्य 22

06. मनुष्य का प्राकृतिक चयन 24

07. प्रजनन – उत्पत्ति 30

08. जैनेटिकल क्रियाएँ 31

09. गुण सूत्र 33

10. जीनोमिक्स 35

द्वितीय खण्ड

11. आनुवांशिक उत्पात 41

12. डाउन सिंड्रोम 41

13. टर्नर सिंड्रोम 44

14. जन्मजात हृदय रोग 46

15. कटे–फटे ओंठ व तालू 48

16. अयुक्त मेरुदण्ड 50

17. मुदर पाद 52

18. स्वपरायणता 54

19. सिकल सैल एनीमिया 56

20. मारफान सिंडोम 58

21. बड चियारी सिन्ड्रोम 61
22. विल्सन्स रोग 62
23. हीमोफिलिया 63
24. जन्मजात एगामाग्लोबिनीमिया 64
25. मधुमेह 65
26. गठिया 68
27. कालामोतिया 70
28. मोतियाबिंद 72
29. अंधापन और रतौंधी 74
20. निकट दृष्टि दोष 76
31. रैटिना के धब्बे 77
32. अस्थिसुषिरता 79
33. सिमन्स रोग 81
34. महाकायता 82
35. अतिकायता 84
36. बौनापन 85
37. मांसपेशियों की शिथिलता 86
38. सोरायसिस 88
39. कर्कट (कैंसर) 90
40. घेंघा 97
41. अवटुवामनता (क्रेटीनिज्मि) 98
42. एल्जाइमर 100
43. जन्मजात वृक्क रोग 101
44. कई थैलियों वाला वृक्क–गुर्दा 102
45. मोटापा 104
46. स्फीत नसें या वेरिकोज वेंन्स 106
47. किन्नर सामाजिक, वैज्ञानिक दृष्टि 108
48. हनटिंगटनस कोरिया 110
49. सिस्टिक फाइब्रोसिस 112

प्रथम खण्ड

इबादत

इबादत दिल से हो,
किसी लाचार की खातिर।
इबादत सुन ली जाती है,
किसी बीमार की खातिर।।

इबादत किस जगह पर हो,
नहीं यह शर्त है कोई।
इबादत कब कहीं लड़ती है,
किसी दीवार की खातिर।।

❖❖❖

मुक्तक

कभी–कभी मानव भी झेले,
पिछली पीढ़ी के उत्पात।
कोई कहे खराबी, बीमारी,
कोई कहे विकार, उत्पात।।

सिद्ध न गर हो पाए कुछ,
तो आतंकी श्रेणीं में माने।
चखने वाला बता सकेगा,
इसका खट्टा–मीठा स्वाद।।

होती आनुवांशिक लाचारी,
दिखती है दुनिया पर भारी।
निभाओ हंसकर कि रो धोकर,
विज्ञान बौना, बड़ी बीमारी।।

लगे हुए वैज्ञानिक काफी,
तनमन से जुगत लगाने में।
और लगा पूरा–का–पूरा,
सरकारी अमला सब जगहों।।

❖❖❖

मुक्तक

हाथों से तेरे ये गिलास,
अब छूटा तो क्या छूटा।
भरम जंजाल का दुनिया से,
अब टूटा तो क्या टूटा।।

पड़े मिलते थे नालियों में,
मदहोश सजे सावन में।
दिमाग की खराबी का घड़ा,
अब फूटा तो क्या फूटा।।

तेरी बरबादी का छींका,
अब टूटा तो क्या टूटा,
बना के रख्खा जिसे खूँटा,
अब छूटा तो क्या छूटा।।

बहुत भारी तिलिस्म दिखाए,
रखती है यह शराब भी।
सजावट को लगा बेलबूटा,
अब टूटा तो क्या टूटा।।

❖❖❖

पेड़ों में जीवन

पेड़ों में पेड़ों में भी जीवन होता, लोग समझ कम पाते,
जिसको समझ लेने के बाद, भी समझा नहीं दिखाते।
चलो आज बतलाता तुमको, बातें चन्द विज्ञान की,
फिर तुम खुद तुलना कर लेना, जिनको हम अभी बताते ।।

पत्तों में भी छोटे–छोटे, कुछ छिद्र बने होते हैं,
जितना पानी उपलब्ध उतने, कम व ज्यादा खुलते हैं।
इनको हम कहते स्टोमेटा, श्वसन क्रिया में माहिर,
इसी रास्ते उत्सर्जन भी, ये करवाया करते हैं।।

जड़ चाहे हों जिस प्रकार की, सब भोज्य तत्व जुटाती,
जाइलम फ्लोयम के रस्ते, पत्तों तक प्रवेश करातीं।
अब आती सूरज की बारी, जिसकी राह तकें पत्तियाँ,
जो सूरज की सहायता से, हैं भोजन दिखें पकातीं।।

हवा साथ हिलतीं पत्तियाँ, डालें और तने हिलते,
जीवन के इन्हीं लक्षणों से, पेड़ों के रूप रंग खिलते।
कैलिक्स कौरोला होते फूल, जिन पर सभी जाते झूल,
साथ लिये दो प्यार भरे दिल, जिसे साथ लिये मिलते।।

एण्ड्रशियिम व गाइनीशियम, उनके जननांग होते,
जो यथोचित क्रियाओं बाद, बीजों मे बदले होते।
बीजों की दिखती है परणति, अन्य सभी बीजों जैसी,
आनुवांशिकता का पालन, शत प्रतिशत करते होते ।।

सब जानते मटर के दानों, ने ही है राह दिखाई,
मैंण्डल्स बाद वैज्ञानिकों ने, ऊपर से मोहर लगाई।
सारे जैविक सिद्धान्त जो, मानव मच्छर घोड़े के,
जरा जरा रूपान्तर संग,अधिकतर सभी को भाई ।।

इस तरह वनस्पतियों में भी, जीवन की झाँकी दिखती,
भले नहीं कुछ लोगों द्वारा इसको है आँकी दिखती।
पहचानो उनके जीवन को,और बचाओ कर प्रयास,
तब सारे विद्वानों द्वारा, खाई है लाँघी दिखती ।।

❖❖❖

मानव मूल्य

मानव मूल्य सदा ही अपनी, राह चलाया करते हैं।
दैवी मूल्य अलग से अपनी, राह बनाया करते हैं।।
तुलना हेतु अलग से इनको, करते रहते निर्धारित।
अतुलनीय वाले अनहोनी, डगर सुझाया करते हैं।। 1

अकल,शकल,रंग,तंदुरुस्ती, नहीं बराबर मिलते हैं।
अन्दर बाहर से दोनों कुछ, भिन्न दिखा ही करते हैं।।
अन्दर रहे भिन्नता का ही, छाया पूरा साम्राज्य।
मौके–मौके मगर कहानी, अलग सजाया करते हैं।। 2

चिंता की जाती फिर उसकी, निर्माणीं संस्था द्वारा।
नट बोल्ट कस दिए हैं जाते, नौसिखियाओं के द्वारा।।
ज्यादातर हैं नहीं गलतियाँ, उनके द्वारा हो पातीं।
पर जल्दी या अनजाने में, हो सकतीं सबके द्वारा।। 3

इसलिए हर मूरत अन्दर के, द्रव्यों में अन्तर होता।
प्रत्येक शारीरिक क्रिया का, इक जादू मंतर होता।।
कम ज्यादा अवयव के कारण से अन्तर आया करता।
और जिन्हें संतुलित रखने से, मानव प्रसन्नचित्त होता।। 4

हर मानव के कुछ मापदण्ड, पहले से निर्धारित हैं।
जो चिकित्सकों के द्वारा, हर मौके उच्चारित हैं।।
जिनके सामान्य होने से, स्थितियाँ रहतीं सामान्य।
मगर तनिक घटने बढ़ने से, रोग हो जाना पारित है।। 5

इसी प्रकार समूचे मूल्य, शास्त्रों में वर्णित दिखते।
छोटी– मोटी घटा बढ़ी को, कोई नहीं कहीं कहते।।
पर शिष्ट समाज जगा रहता, थोड़ी और गिरावट पर।
गेंद गिरे जिसके पाले में, अशोभनीय शब्द सहते।। 6

सच्ची खुशी तभी तक रहती, जब रक्तचाप कब्जे में।
संतुलित भोजन, व्यायाम से, शक्कर मात्रा कब्जे में।।
लगे समय पर भूख ठीक से, और रात भर सोवें वे।
कब्ज व गुस्सा नहीं रहे तो, आता उभार जज्बे में।। 7

"गुरुदेव" शान्ति से बैठे, आदेश दे रहा दूजा।
जिसे मनाने जन्मों जन्मों, से है की जाती पूजा।।
आदेश मिला को लिख डाला, नहीं करूं आना कानी।
कभी कभी गर नही लिखूँ तो, गड़ने लगते सिर सूजा।। 8

❖❖❖

मनुष्य का प्राकृतिक चयन

दशावतार के सब वर्णन, वेद पुराणों में मिलते,
उसको सही समझने से, मन्तव्य सही सही मिलते।
विज्ञान ने जिस प्रकार से पर्तें दर पर्तें खोलीं,
वैसे ही वक्तव्य हमको, पूर्व ग्रन्थों में मिलते।।

पानी में सर्वप्रथम हमें, जीवन आधार मिला,
जीने की ताकत का भी, अधिकाधिक प्रभाव मिला।
धरती पानी दोनों में, फिर उनने कदम बढ़ाए,
जिसके बाद पृथ्वी पर, जीवन का सम्भाव्य मिला।।

विषय विचारणीय है की, मानव बना तो कैसे?
अण्डे से मुर्गी हुई, अण्डा हुआ तो कैसे?
विकसित हो कैसे मछली, मेंढक, व घोड़ा आया?
छोटे कीट से हाथी, फिर बन्दर बना तो कैसे?

कई तरह की खोजों ने, अपना असर दिखाया,
''कोपरनिकस'', ''लैमाक्र', ने राह तनिक दिखाया।
काफी मचा बवण्डर, मानव उत्पत्ति को लेकर,
चूँकि डारविन ने इसे, प्राकृतिक चयन बताया।।

तदुपरान्त हरी मटर, पर हुए परीक्षण खूब,
प्रथम सन्तति में दिखे, तब प्रमुख प्रभावी रूप।
द्वितीय सन्तति ने पाया, फिर लुप्त गुणों का साथ,
जिसका प्रतिशत दिखा तब', 'मैंडल्स' 'कथनानुरूप।।

दूजी पीढ़ी पहली के, लगभग समान होती है,
माता–पिता सी बनावटें, उसकीं पैदा होतीं हैं।
''थामस हण्ट'' ''जान्हसन'', कारक बतलाते जीन्स,
''मुलर'' कहें कभी–कभी, गुंणक्रान्ति भी होती है।।

जीव में जिस कारण से, यह परिवर्तन आता है,
यही सूक्ष्म परिवर्तन ही, विकास क्रिया लाता है।
शंकाएँ सम्भव' 'डारविन, के विकासवाद में भी,
मगर करोड़ों वर्षों में, बदलाव निकल पाता है।।

मानव पूर्व स्थिति का है, हमको भी पूरा ज्ञान,
नहीं कह इसको सकते, कपोल कल्पित संज्ञान।
चौपाओं में बंट गये, हाथ पैर फिर अलग–अलग,
विकसित करके मस्तिष्क, तब बन पाया इन्सान।।

विकास क्रिया के ऐसे, कुछ मूल तथ्य रहते हैं,
सन्तानोत्पत्ति की क्षमता, पर सारे ही रखते हैं।
भोजन, स्थान, परिवार, तथा मादा का होना,
प्रतिस्पर्धिता, संर्घषशीलता, वे सभी रखते हैं।।

भिन्नता दिखती है मैथुन, और प्रजनन पर भी,
उपयोगी प्रजातियाँ, बनाते रहने पर भी।
वे प्राणी ही वंशवृद्धि, करते जो जी लेते,
अनुकूल जन्मगत एवं, प्रतिकूल परिस्थिति पर भी।।

पक्षी ने उड़ना व, घोड़े ने दौड़ना पाया,
मानव का फिर भी, विकास शीर्ष पर पाया।
तेजी से मस्तिष्क का, विकसित होना था कारण,
व अगले पैरों को, हाथों सा समझना पाया।।

मानव पूर्वज "प्राइमेट" की, जाति से आते हैं,
जिनमें गिलहरी ट्रीश व, लेमर आदि आते हैं।
अगले पैरों का हाथों, जैसा उपयोग कर वे,
वृक्ष जीवन छोड़ धरती, पर ही रहने आते हैं।।

मांसाहारी हुए बना, औजार सुरक्षा पाई,
मस्तिष्क बढ़ाया और, दृष्टि सामने को पाई।
ज्ञानी कहते मानव, उपजा मध्य एशिया में,
उत्तरी हिमालय ने की, तब उसकी भरपाई।।

चार पाँच फुट का दो, पैरों चलता था मानव,
कपाल भौहों से दबा, व ठुड्डी बिन था मानव।
नज़दीकी पूर्वज 'नियनडरथल' थे कहलाते,
अवशेषीय कार्बन से, है उम्र जताता मानव।।

'प्राइमेट' उपवंश में तो,मानव भी आते हैं,
गुरिल्ला, चिम्पांजी समझे, नज़दीकी जाते हैं।
ओरांग–ऊटान को भी, कह सकते हैं पूर्वज,
जो अब जावा के जंगलों, में पाये जाते हैं।।

जावा–पीकिंग जाति, 'पिथिकैंथ्रोपस' कहलाती,
विकसित मानव की जाति, क्रो–मैगनान कहलाती।
जो गये आक्रमणकारी, बन एशिया से योरोप,
जिनकीं खूबियाँ फ्रांस, स्पेन में पाई जातीं।।

अण्डमान की सेण्टनल, द्वीप भी एक वादी है,
जहाँ विलुप्त हुई जाती, आज पूरी आबादी है।
दुनिया से कटे हो गए, हैं साठ हजार वर्ष,
'नियोलिथिक' अफ्रीकियों, से भी मिली गवाही है।।

कुछ को मिली है इनकी, मलेशिया से समानता,
एशियन तिहत्तर नस्लें, देतीं अफ्रीकी मान्यता।
प्रकृति पर रहे निर्भर, तभी बच सके सुनामी से,
अब आबादी जानकार, सौ तक से कम आँकता।।

बीमारियों से भी बचने, की क्षमता नहीं दिखती,
क्योंकि प्रतिरोधक क्षमता, भी समाप्त हुई दिखती।
तभी वे द्वीप में अन्य को, घुसने ही नहीं देते,
और दूसरों को इनकी, प्रवृत्तियाँ हिंसक दिखती।।

इनको हत्यारा बताने से हैसियत खो रहीं,
क्योंकि उनकीं तस्वीरें, गलत पेश ही हो रही।
वे रखते हैं धनुष बाण, अपनी आत्म रक्षा को,
जबरन घुसने वालों की, हैं बोटियाँ काट रहीं।।

बाद के पैंतालिस हजार, वर्ष विकास कुछ कम था,
असल में मस्तिष्क विकास, उनमें थोड़ा कम था।
इधर तीन सौ वर्षों में, पाए परिवर्तन जिनमें,
हाँथ के अंगूठे का, अंगुल से मिलन में दम था।।

लम्बाई व चौड़ाई का, भी अन्दाज लगने लगा,
भाषा का प्रयोग करके,बातें शुरू करने लगा।
नुकीले पत्थर से शिकार, किया व हल से खुदाई,
सहकारी सामाजिक जीवन, जड़ भी पकड़ने लगा।।

''फ्रायड'' कहता मानव पर, पशुवत गुण हावी थे,
उज्जवल पक्ष भले कम, परन्तु अवश्यम्भावी थे।
इनमें अक्सर चलता रहता है, वैचारिक संघर्ष,
उज्जवल होता तार्किक, बुद्धिमान, मेधावी थे।।

पाशविक शक्तियों के, रोकने को विवाह हुए,
तब कहीं परिवारों के, वास्तविक आकार हुए।
बलवान व्यक्ति की लिप्सा, की भी हुई प्रतिपूर्ति,
निर्बल भी अधिकार संजोकर, के सुरक्षित तभी हुए।।

इसी वक्त पर पुरुष ने, बहुविवाह किए स्वीकार,
शामिल हुए राजे, महराजे, सामन्त जमींदार।
अब उन्नत देशों ने, बदली जीवन की शैली,
ताकि न हों वे व्यक्तित्व, बिगाड़ने के भागीदार।।

डारविन विकास प्राकृतिक, वरण ही से चलता है,
कौन सम्भाले जहाँ बस, अंधविश्वास चलता है।
वैज्ञानिक कहते मनुष्यों, के करके परीक्षण,
मस्तिष्क विद्युत व रसायन,क्रियाओं से चलता है।।

ऊर्जा पर दबाव से इस, जगत का निर्माण हुआ,
विभिन्न गैसों पर बिजली, का वज्राघात हुआ।
अमाइनो एसिड जैसे, तत्व बनने के कारण,
वनस्पति व जन्तुओं का, प्रारम्भिक विकास हुआ।।

अगले विकास क्रम में, जल थल के प्राणी आए,
न्यूमोफोर, मेढक, घोड़े, थे चौपाये कहलाए।
इनकी विकास क्रिया, फिर चलकर करोड़ों वर्ष,
सर्वोच्च विकसित प्राणीं, ही मानव कहलाये।।

विकास की अनवरत क्रिया, कहाँ रुक पाती है,
लाख वर्ष बाद जीव की, शक्ल बदल जाती है।
पहले होमो हैबिलिए, फिर होलो इरैक्टस,
आगे फिर होमो सैपियन्स, ही मानव कहलाती है।।

होमोसेपियन्स में भी, कई बदलाव मिला है,
भले फूल पुराना पर, नयापन लिए खिला है।
अपैन्डिक्स, फिबुला, रीढ़, बाल नहीं वह चाहता,
मुस्कुराने तक का है, बदला कुछ सिलसिला हैं।।

कश्यप, वाराह, नरसिम्हा, वामन, परशुराम आए,
बलराम ने खेती तथा, कृष्ण ने तर्क सिखाए।
अब कल्कि की बारी है, मगर कहाँ मालूम नहीं,
पर लगता विनाशवाद, उनको देख नहीं पाएं।।

जिस तरह विचार करते, वैसा होता दिख जाता,
लाखों वर्षों के उपरान्त, जीव भी बदल जाता।
बदलाव भले प्रकृतिजन्य, मगर क्रम नहीं रुकता,
इसलिए अग्रिम क्रिया को,''गुरुदेव'' कहे जाता।।

❖❖❖

नोटः1. कोपरनिकस, लैमाक्र, डारविन, मैंण्डल, थामस हण्ट, जान्हसन वमुलर प्रख्यात वैज्ञानिकों के नाम हैं।

2. गुणक्रान्ति या उत्परिवर्तन– म्यूटेशन,
3. प्रभावी रूप– डोमिनैन्ट
4. लुप्त गुण, तिरोहित– रेसैसिव
5. फिबुला– पैर की हड्डी
6. सेन्टेनल– अण्डमान निकोबार भारत का एक द्वीप जहाँ आदिवासियों को संरक्षित रखा गया है।
7. **न्यूमोफोर**– दलदल में पाई जाने वालीं जड़ें।

प्रजनन – उत्पत्ति
(Production, Birth)

सन्तति की रक्षा में जुटतीं, भूमण्डलीय गतिविधि सारी।
हर पौधा पक्षी जीव लिप्त, हासिल करने को फुलवारी।।
कहीं–कहीं पर मजबूरीवश, पड़े ढूंढ़ना अपना जोड़ा ।
वहीं उभयलिंगियों को सुविधा, पहले दे देता करतारी।।

प्रत्येक जीव अर्न्तमन से, चाहा करता पाना संताने।
सारे गुण, दोष, पैतृकता, अक्ल, शक्ल से ही पहचाने।।
खान–पान इकसा ही होवे, और ओढ़ें बिछाएँ इकसा।
स्थान परिस्थिति उपयोगिता, बोली से अपना वे जानें।।

न्याय और अन्याय कदाचित, नहीं सभी के वश में होता।
केवल अनुकूल वातावरण, से जीव चैन की नीदें सोता।।
कोई जीव जब नहीं सही, वातावरण में ढल पाता।
तब धीरे–धीरे पर अवश्य ही, अपना अस्तित्व है खोता।।

पेड़ों, पौधों या जीवों की, अपनी भी सीमाएँ होतीं।
संतति रक्षार्थ पास उसके, उपलब्ध प्रचण्ड ताकत होती।।
उस पर भी दुनिया में सदैव, बदलाव अनवरत होते हैं।
उपयोगी का उद्भव होता, अनुपयोगी को दुनिया खोती।।

❖❖❖

जैनेटिकल क्रियाएँ
(Genetical Working)

उन्मुक्त गगन धरती से, ज्यों रोज़ाना मिलता है।
वैसा आकर्षण शुक्राणु का, अण्डे से रहता है।।
एक दूसरे को वैसे ही, हैं वे चाहा करते।
जैसे मन चाहा साथी, बिरले को ही मिलता है।।

उनमें भले घनात्मकता, ऋणात्मकता चलती है।
पर एक दूजे के बिना, जिन्दगी नहीं चलती है।।
दुनिया के सभी कानून, भले हो जाँए उलट–पुलट।
लेकिन चाहत में कोई, भी कमी नहीं चलती है।।

जब दोनों को ही मिलकर, जग की रचना करनी है।
तब दोनों को ही अवश्य, शान्ति राह पकड़नी है।।
जिसके उपजने के बाद, नहीं फटकतीं बाधाएँ।
जिसको मौका मिलने पर, फौरन हाथ जकड़ती है।।

आपाधापी पैदा करें, कई नई–नई विकृतियाँ।
इधर–उधर असर डालती, दिख जातीं दुष्ट शक्तियाँ।।
वे बातें अलग की दुकान से, पा सकते मन चाहा।
पर भटकन से हो सकता, पा सको केवल तख्तियाँ।।

शुक्राणु और अण्डा मिल, पा लेते पूर्ण आकार।
जिससे जीवन में आती, दिखे खुशियाँ अपरम्पार।।
ठीक रह सके आगे के, यदि नौ महीने माता के।
नए जीव के जन्म साथ, फिर जुड़ जाते संस्कार।।

गुण–दोष सभी पैतृकता पे, आधारित होते हैं।
प्रभावी से अप्रभावी सदा, फिर भी कमतर होते हैं।।
सभी कुछ होता मैण्डैल्स के, सिद्धान्त के अनुसार।
जीन्स व क्रोमोजोम्स तो, सम्वाहक भर होते हैं।।

❖❖❖

गुण सूत्र
(Genes & Chromosomes)

कलियाँ सभी निकलतीं खुद ही।
सबसे मिलतीं जुलतीं खुद ही।।
मिलन यही जब कुछ कर जाता।
युग्म अलग बन जाता खुद ही।।

यही दूसरी शक्ल बनाता।
पानी से जमीन पर लाता।।
युगों युगों की परिणति से।
चार पैर दो का हो जाता।।

गुण धर्मों का प्रयोग अभिनव।
बन्दर बाद लोमड़ी मानव।।
इसमें भी हैं कई श्रेणियाँ।
जिनसे मिलें इशारे नव नव।।

जब कि किसी से बैर नहीं है।
फिर भी उसकी खैर नहीं है।।
मानव विकास यात्रा है यह।
कोई करता सैर नहीं है।।

हर कोई उड़ता दिखता है।
गिरता फिर उठता दिखता है।।
जिसको केवल मंजिल दिखती।
हर क्षण टके सेर बिकता है।।

अमीबा से केंचुआ मेढक।
होते सभी प्रकृति के बंधक।।
इस पूरी विकास यात्रा के।
शीर्ष पर है मानव अब तक।।

अभी तरक्की बहुत शेष है।
पानी तक पर काम शेष है।।
कैसे है सब होता रहता।
हर दिन लगता नव प्रवेश है।।

❖❖❖

जीनोमिक्स
(Genomics)

ईंटा, गारा, लोहा, सीमेंट,
जैसे लगते घर बनने में।
करो इल्म की बात न प्रियवर,
लगे रुई तक है धुनने में।।
हमें सामने दिखते जो कुछ,
वे केवल खिड़की दरवाजे।
कुछ साज–सजावट में लगते,
कुछ लगे जगह के चुनने में।।

अस्थाई काम के लिए भी,
लगानी कुछ मशीनें पड़तीं।
जिन्हें चलाने के लिए भी,
डीज़ल, बिजली लानी पड़ती।।
रोबोट तक में हम देखते,
लगीं मशीनें रहतीं भीतर।
इन्सान पर ढालें यह बात,
असंख्य हमको ढालनी पड़तीं।।

यह क्या कम है कि हमको तो,
सारे कलपुर्जे हैं मिले हुए।
चंद अगर हम छोड़ भी दें तो,
हैं सब आपस में मिले हुए।।
जिनसे आता जाता रहता,
सारा कुछ है नियमानुसार।
गर कुछ मिला विरुद्ध भी तो,
दिख जाते जोड़ सब हिले हुए।।

जीनोमिक्स समझने को हमें,
काफी कुछ इस पर लगना है।
शुरू जहाँ से करने लगते,
मिल जाता वहीं उलाहना है।।
छोटी मोटी बात नहीं यह,
सब लगे इसे पछाड़ने में।
लेकिन कहा नहीं जा सकता,
कब बनना तथा बिगड़ना है।।

मानव को सुदृढ़ बनानें की,
हर कोशिका में ताकत होती।
पर स्थान स्थान के अनुसार,
उसकी कार्य प्रणाली होती।।
साइटोप्लाज्म, माइटोकोन्ड्रिया,
जीन्स से क्रोमोजोम्स तक।
को यदि समझ सके होते तो,
रोगों की गिनती कम होती।।

मनुष्य छियालिस क्रोमोजोम्स,
का ही केवल मालिक होता।
इनमें बाइस जीन्स को ही,
एकात्म किए दिखता होता।।
शेष कभी मिल भी जाते हैं,
कभी रहें अलहदा अलहदा।
तब ही तो स्त्री–पुरुष शरीर,
एक सा नहीं दिखता होता।।

कभी कभी विसंगति दिख जाती,
एक क्रोमोसोम अधिक होना।
दो सौ बच्चों के जन्म मे से,
केवल एक में ऐसा मिलना।।
इसमें बहुत अधिक या काफी,
उम्र की पाई हैं माताएँ।
अतिरिक्त वास्ते अधिकतर का,
जोड़ नहीं बिल्कुल बन पाना।।

गोल मुँह, हाथ में एक लकीर,
विकास देर से दिखने वाला।
पैदाइशी दिल की बीमारी,
शरीर हो कम तनाव वाला।।
ये सारे लक्षण हैं देते,
संकेत विकास में देरी के।
रोग है डाउन सिंड्रोम जिसे,
कम ही मिलता जानने वाला।।

अन्य इसी तरह के रोगों में,
भांति–भांति विसंगतिया मिलती।
तालू व ओंठ कटा मिले तो,
नाभि, इन्वाइनल हर्निया मिलती।।
उरास्थि छोटी, सिर व कद छोटा,
किन्नर जैसी शक्लें भी मिलतीं।
उत्तल नाखून, गाइनेकोमैस्टिया,
जैसी कई तकलीफें मिलतीं।।

माइटोकान्ड्रिया कोशिका के,
हैं शक्ति पुंज कहे जाते।
इनके अंकुश से रोगों पर,
मरम्मत के काम किए जाते।।
इनकी खराबी से तकरीबन,
होते एक सौ बीस रोग।
जिनमें नब्बे प्रतिशत जीन्स,
गुण क्रान्ति के माने जाते।।

मीजेनकाइमल स्टैम सैल,
संग निदान में लग गए लोग।
करीब पाँच हजार लोगों में,
एक में मिलता यह रोग।।
कभी होते एक दो जीन्स कम,
कभी कुछ खराब क्रोमोजोम्स।
कभी परिस्थिति, पर्यावरण, चिन्ता,
अवसाद बदलवा देते योग।।

❖❖❖

उरास्थि– स्टरनम, उत्तल– कानवैक्स

द्वितीय खण्ड

आनुवांशिक उत्पात
(Congenital Disorders)
मनुष्य में कुल 46 गुण सूत्र पाये जाते हैं, जिनमें 2 यौन सूत्र होते हैं।

डाउन सिंड्रोम (Down Syndrome)
गुण सूत्र विकार 21, बौद्धिक विकास में देरी

इस बीमारी का ना मतलब, अप व डाउन किसी का होना।
जीरोम लेजेन डाउन ने, इसे सबसे पहले पहचाना।।
जोखिम है पाई गई अधिक, उम्र की स्त्री के बच्चों में।
बच्चों का इलाज है केवल, बेहतर शिक्षा दीक्षा देना।। 1

यह है एक जेनेटिकल रोग, या कहिए समूह रोगों का।
रोगी की उम्र कुछ बढ़ सकती, पर निदान ना इन रोगों का।।
पता मर्ज का चलता जब हो, गर्भ के हफ्ते बारह से बीस।
पर उल्टे हमको पता चला, भिन्न भिन्न के कुछ ढोंगों का।। 2

अतिरिक्त आनुवांशिक सामग्री, का होता है यही परिणाम।
कोशिका विभाजन से हैं पाते, गुण सूत्र इक्कीस का परिणाम।।
एक समय में भारत में मिलते, दस लाख से अधिक मामले।
जिनके चेहरे स्पष्ट बताते, इसको नहीं किसी से काम।। 3

बुद्धि में कमी विकास में देरी,रोग थायरायड या दिल का।
प्रथम दृष्टि हर कोई पूछे, यहाँ है बच्चा किस काम का।।
जान बूझकर तो कोई नहीं, स्वयं कुएँ में कूदा करता।
अन्य कुछ भी ध्यान न रह कर, हमारे लिए रहता नाम का।। 4

छोटा सा कद, देर से विकास, बच्चे का देर से बोलना।
कम होए सीखने की क्षमता, एवं कमजोर नजर का होना।।
अस्थिरता गर्दन के जोड़ की, और तनिक ऊँचा सुनना भी।
उठे पपोटे ऊपर की ओर, तनिक कान नीचे को होना।। 5

गर्दन पीछे अतिरिक्त त्वचा, छोटी अंगुली मुड़ी होना।
जन्म जात हो हृदय विकार, और जीभ का कुछ हट जाना।।
ढीली होवें मांसपेशियाँ, और जिद्दी रूसी का होना।
प्रतिरक्षा की कमी, मोटापा, ब्रेकीसीफेली का होना।। 6

बहुलोहिताणु रक्तता, निद्रा में अश्वसन होना।
साँस मुँह से लेते रहना, हथेली, तलुवे मोटे होना।।
हथेली के बीच में केवल, हाथ एक लकीर का होना।
प्रतिरक्षा होती है कमजोर, दिल, थायरायड रोग होना।। 7

बच्चों में यदि उत्साह भरेंगे, हार जाएगा डाउन सिंड्रोम।
कहीं कहीं तो यह कहलाता, मंगोलियन हर इसका रोम।।
भेंगापन, जीभ छोटी दिखती, पलकें छोटीं, मोटीं होतीं।
हँस मुख, भावुक शर्मीला व, रुचि संगीत, अनुलोम विलोम।। 8

वह है सुस्त दिखाई देता, करवट व बैठने, चलने में।
यही बात फिर आती दिखती, बातों के जल्द समझने में।।
होशियारियाँ पचास प्रतिशत, लेकिन खेलकूद पसन्द बहुत।
उम्र साथ वह धीरे धीरे, समझ कर सुधारे अपने को।। 9

माँ की उम्र पचास होने पर, जन्मता है ऐसा एक बच्चा।
यही अगर पन्द्रह से उन्नीस, हजार पचास मे एक बच्चा।।
पैंतीस से ऊपर की माता, गर जन्मना चाहे बच्चे को।
जांच करा ले गुण सूत्रों की, तब फिर पैदा कीजै बच्चा।। 10

यह रोग, बीमारी न होकर, मानी गई मात्र इक स्थिति।
घर छोटे सभी काम सिखला, सुधारें कुछ हद सभी परिस्थिति।।
शासन भी रहता खूब सजग, करने में ऐसों की है मदद।
भले बहुत संख्या में हों या, ऐसी हो एक आध सन्तति।। 11

सीख चुके यदि दैनिक क्रियाएँ, भेजें तब सामान्य विद्यालय।
तबियत खराब होने पर है, तुम्हें जल्द भेजना रुग्णालय।।
ये बच्चे किशोरावस्था में, यौन शोषण के शिकार होते।
अभिभावक को सतर्क रहकर, भेजना बच्चे को साधनालय।। 12

❖❖❖

टर्नर सिंड्रोम
(Turner Syndrome)

टर्नर सिंड्रोम पैदा होता,
अधूरे क्रोमोजोम कारण।
यही घटाने वाला कद है,
यही कर सके सही निवारण।।
यौनारम्भ में होती देरी,
होए बाँझपन व हृदय विकार।
दिल महाधमनी का संकुचन,
सीखना कर लेना है धारण।। 1

असमान्य विकसित नाखून,
दाँतों का न सामान्य विकास।
मेरुवक्रता और मोटापा,
दिखाई न देना दूर व पास।।
तिल की संख्या मे खूब वृद्धि,
सूजे हाथ–पांव जन्म समय।
बचपन में टाइप वन मधुमेह,
माहवारी न होना है खास।। 2

व्यापक रूप स्थान निपल्स,
झिल्लीदार गर्दन दिखा करे।
मुँह ऊपरी भाग असामान्य,
रूप से उठा हुआ दिखा करे।।
हड्डियाँ टूटने का जोखिम,
और उनका भुरभुरा होना।
हाँथ पैर की चौथी अँगुली,
है काफी छोटी दिखा करे।। 3

गुर्दे की कुरूपता दिखती,
और तीन हैं पाए जाते।
एक तरफ एकल दूजी ओर,
घोड़े की नाल से दिख जाते।।
यह रोग केवल महिलाओं को,
ही प्रभावित किया करता है।
अधिकांश वयस्क हो उत्पादक,
सहर्ष जीवन जीते दिख जाते।। 4

❖❖❖

जन्मजात हृदय रोग
(Congenital Heart Disease)

हृदय की बड़ी रक्त वाहिनियों,
में विकास के समय के दोष।
जिसके भी सुनने में आता,
उसी के उड़ जाते हैं होश।।
यह बच्चों में हृदय रोगों का,
एक सबसे बड़ा कारण है।
मगर आज चिकित्सकीय प्रगति,
सक्षम है दिलाने मे सन्तोष।। 1

भ्रूण के गठन के ही दौरान,
खराबियाँ जगह बना लेतीं।
जो साधारणतः भी पहचान,
में आ ही जाया हैं करतीं।।
स्थितियाँ, प्रकोप कम होने से,
धूप छाँव का खेल खेलती।
और कभी तो यह बीमारी,
आँख मे धूल झोंकती दिखती।। 2

खराब ख़ून साफ से मिलकर,
शरीर में बहने लग जाता।
मुँह, कान, नाखून, ओंठ सभी
में नीलापन दिखने लगता।।
संक्रमण फेफड़ों में बार बार,
श्वसन संबन्धित परेशानी।
शारीरिक थकान दिखे बहुत,
दूध पीने में परेशानी।। 3

पैर, पेट, व आँख पर सूजन,
अत्यधिक पसीने साथ दिखे।
एक सौ दस जीवित बच्चों में,
सामान्यतः एक ऐसा दिखे।।
यहाँ वहाँ जाने से अच्छा,
किसी योग्य डॉक्टर से मिलें।
शल्यकी, पेसमेकर, व औषधि,
सहयोग व जान बचाती दिखे।। 4

❖❖❖

कटे–फटे ओंठ व तालू
(Cleft Palate and Lip)

मुँह के ऊपर के हिस्से का,
और ओंठ का कटना–फटना।
इसे नहीं साधारण समझें,
यह भी एक असामान्य घटना।।
जादू–टोना करने से ये,
स्थितियाँ नहीं पैदा होतीं।
ना ही जोर–जोर कहने से,
खाई असली है यह पटना।। 1

भारत में दस लाख से अधिक,
ऐसी स्थितियां देखीं जाती।
प्रयोगशाला व एक्स रे की,
जरूरतें समझ नहीं आती।।
जहाँ समझ न आती बीमारी,
वहाँ चिकित्सिक लगाते जोर।
पता न चल सकते रोगों की,
दिखती अनिवार्य परिपाटी।। 2

मुँह खुलने की जगह से शुरू,
बोलने, खाने में है दिक्कत।
आहार लेने में कठिनाई,
स्तनपान में होए मशक्कत।।
नाक बन्द तो आते खर्राटे,
ऊँचा सुनने के कहलाते।
मुँह से सांस लेना मजबूरी,
मिलती कहीं से नहीं बरकत।। 3

इलाज होना सम्भव इसका,
सर्जन इसे ठीक है करते।
शक्ल पर निशान नहीं पड़ते,
अभिभावकों के दिल बैठते।।
कम फटे ओंठ से होते हुए,
यह मसूढ़े, नाक तक जाता।
कुछ निगलने में परेशानियाँ,
लक्षण आधारित इलाज करते।। 4

❖❖❖

अयुक्त मेरुदण्ड
(Spina Bifida)

इस रोग में गर्भ में रीढ़ की,
हड्डी ठीक से नहीं बनती।
जिनमें भ्रूण विकास प्रक्रिया,
कहीं कहीं दिखती बिगड़ती।।
शारीरिक अक्षमताएं लाती,
मस्तिष्क का विकास रोकती।
इलाज से आराम भले हो,
लेकिन ठीक नहीं हो सकती।। 1

दस लाख से कम मामले पर,
जिन्दगी भर रोग से झगड़ते।
न इधर के न उधर के रहते,
हालाती पाठ वे समझते।।
पेट और आँतों में बाधा,
कब्ज या दस्तें का रिसना।
माँसपेशियों में जकड़न संग,
टट्टी, पेशाब नियंत्रण खोते।। 2

झुकी पीठ, तंत्रिका की चोटें,
बौद्धिक अक्षमता भी दिखती।
शरीर के नीचे के भाग में,
लकवा सी तकलीफें मिलतीं।।
पीठ झुकी, व दोष की जगह,
बालों का गुच्छा भी दिखता।।
भ्रूण विकास के दरम्यान ही,
तकलीफों को है जड़ मिलती। 3

त्वचा की संवेदनशीलता,
में बहुत सारी कमीं मिलती।
मस्तिष्क में क्षति पहुँचनें की,
काफी सम्भावनायें दिखतीं।।
घर के पहले बच्चे को हो तो,
दूसरे में पाया जा सकता।
उसी तरह तीसरे बच्चे में,
सम्भावनायें प्रबल दिखतीं।। 4

साँस लेने व निगलने में,
परेशानियां काफी होतीं।
बच्चे का वजन बढ़ जाता,
पैर, कूल्हे मे विकृति आती।।
फोलिक एसिड सही लेने पर,
बचाव के सुने जाते हैं सुर।
शल्यकी से दूभर विक्रितियाँ,
देखते काफी सुधर जातीं।। 5

❖❖❖

मुदर पाद
(Club Foot)

पैर मुड़े नीचे बाहर को,
चलने में अत्यन्त कठिनाई।
जन्मजात बच्चों में खराबी,
इसके सिवा नहीं पाई।।
यह होता आनुवांशिक विकार,
मतलब चलता विरासत से।
स्थितियाँ दिखें सुधार योग्य,
होना नहीं अधिक कठिनाई।। 1

एक बच्चे को यह होने पर,
दूजे को होना सम्भावित।
कभी–कभी थोड़ा सा दिखता,
कभी कठिन रहे प्रस्तावित।।
यदि माता धूम्रपान करती व,
लेती मनोरंजक दवाइयाँ।
तब दुनिया भर यही कहती,
वह ही कर रही है स्थापित ।। 2

पैर कभी इतना मुड़ा होए,
कि सबको उल्टा दिख जाता।
सही प्लास्टर लग जाने से,
यह अधिकतर ठीक हो जाता।।
अन्यथा शल्यकी करनी पड़ती,
जिसमें एकिलिस टैण्डन लगता।
अधिकतर में प्लास्टर से ही,
सकल काम सुलटता दिखता।। 3

ऐसे मरीज आबादी के,
एक हजार में एक मिल जाते।
कई इलाज भी नहीं करवाते,
कई हल्के में काम चलाते।।
असली में पैर मुड़ा होता,
टखने से ही अन्दर–अन्दर।
इसलिए प्लास्टर के उपरान्त,
व्यायाम सिखलाये जाते।। 4

❖❖❖

स्वपरायणता (Autism)

PGM3 Congenital Disorder of Glycosylation

दुर्बल सबल तो सभी होते, होते सभी कुदरती बच्चे।
नचवाते बातों में सबको, करते उछल कूद हैं सच्चे।।

किन्हीं कारणों वश यदि बच्चा, जन्म होते ही नहीं रोए।
तब न मिलने से आक्सीजन, संचारी ताकत वह खोए।।

अगर आ जाए तेज बुखार, बच्चे के पैदा होते ही।
बच्चे का मस्तिष्क तभी तो, सारे गुण धर्म अंश खोए।।

गर जुड़ाव न हो रिश्तों में, होए न दोस्तों तरफ मुड़ाव।
अति उत्साही दिखे कभी व, अधिक निराशा तरफ झुकाव।।

कभी कभी व्यवहारिकतावश, ठीक न हो उच्चारित भाषा।
ऐसों को सामान्य न समझें, स्वपरायणता का यही सुझाव।।

इस तरह से तंत्रिका तंत्र, पर बुरा असर पड़ जाता है।
तथा बदलती व्यवहारिकता, से रोग जन्म ले जाता है।।

असली कारक अभी तक तो, कोई बता नहीं पाता है।
मगर लक्षणों पर आधारित यह, स्वपरायणता कहलाता है।।

एक वर्ष तक अगर न समझे, ध्वनि व इशारों को बच्चा।
चौदह माह तक न उच्चारे, और ध्यान दे जाए गच्चा।।
कभी दिखे व्यवहारिकता में, प्रयोग ठीक ना भाषा का।
जिसे सुधारने के निमित्त, प्रशिक्षण दिया जाना अच्छा।।

लड़कियों से पाँच गुना लड़के, दिखते रहे प्रभावित होते।
दोस्त बनाते नहीं और न, बेज़ारी के मौके खोते।।

चाहे उसको आँगन में देखो, चाहे तुम सड़कों में देखो।
भगता दूर भीड़ भाड़ से, एकांत पसंदीदे होते।।

हो सकता जुड़वाँ बच्चों में, हो एक ग्रसित औ एक ठीक।
सटीक तो कोई ना कहता, कौन गलत है या कौन ठीक।।

एक हज़ार में एक तो बच्चा, उसके जैसा मिल सकता है।
जो बातें दोहराता जाए, और न मिलाए आँख सटीक।।

अंग प्रत्यंग के संचालन को, मालिश करना है आवश्यक।
और निरंतर सिखलाने को, प्रशिक्षित करना है आवश्यक।।

अभिभावक भी होए प्रशिक्षित, मनोभाव मुँह तक लाने को।
फिर भी व्यवहार साधने को, लम्बा साधक है आवश्यक।।

❖❖❖

सिकल सैल एनीमिया
(Sickle Cell Anaemia)

भले मर गये कहते कहते, हों हरि मोहन, नब्बूमियाँ,
जान न पाये कैसे होता, है सिकल सैल एनीमिया।
जागरूक रोगी जी लेता, जीवन को उपचार से,
लेकिन गम्भीर रोगियों की,जाती जान इसी दरमियाँ।।

रक्त कणिकायें खून को, आक्सीजन पहुँचाती हैं,
जिसकी गति धीमी होने से, खून कमी हो जाती है।
बीमारी पैदाइशी होती, अलग प्रकार हीमोग्लोबिन,
जिसे देख घरवालों के दिल, की धड़कन बढ़ जाती हैं।।

साधारणतः 'ओ' आकार तो, चार माह जी जाती है,
हंसिया आकार वालीं बस, दस बीस दिन जी पाती हैं।
सिकल सैल रोग हीमाग्लोबिन, आनुवांशिक असमान्यता,
जो आपस में फँस रक्त चाल, धीमी करती जाती है।।

दोषपूर्ण रक्त कणिकायें यूँ, कुछ समूह बना लेतीं हैं,
जिससे संयोग साधकर खून, की धार रोक लेतीं है।
जो शिराओं और धमनियों में, करतीं हैं बाधा पैदा,
आक्सीजन युक्त रक्त पहुँच, ठीक से न हो पाती हैं।।

खून चढ़ा या खानपान से, सादा जीवन जी सकते,
पर उच्च रक्तचाप का खतरा, हटा नहीं हैं हम सकते।
पुराना वृक्क रोग, पित्ताशय, पथरी तिल्ली का बढ़ना,
रोगों से लड़ने की ताकत, कम होते भी मिल सकते।।

पक्षाघात, पैर के छाले व, रैटिना की खराबी भी,
आँतों में रक्त स्राव साथ, कूल्हे की खराबी भी।
शादी के समय जीन्स जाँच, ज़रूर करवा लेना है,
बच्चे तक इसके जाने की, शंका भी सम्भावी भी।।

यह रोग हुआ करता अक्सर, पचास हजार में एक को,
तब पौष्टिक संतुलित खानपान, जरूरी हो हर एक को।।
हम भले खून चढ़वाकर पा, लेवें कुछ दिन मोहलतें,
मगर सशंकित रहना होगा, तब ऐसे में हर एक को।।

19 जून सिकल सैल एनीमिया दिवस

❖❖❖

मारफान सिंडोम
(Marfan Syndrome)

लम्बे पतले किसी खेल के, बड़े खिलाड़ी भी हो सकते,
कुछ पंजाबी, सिंधी, द्रविड़ या, कि मारवाड़ी भी हो सकते।
अगर यहाँ बीमारी पैदा, हुई नहीं आनुवांशिक होती,
चल रही मजे से सेहत की, यह गाड़ी मजेदार होती।।

यह बीमारी आनुवांशिक है, ऊतकों को प्रभावित करती,
खासकर हृदय, आँख, हड्डी, रक्त वाहनी प्रभावित करती।
मिल सकता लाभ इलाज से, मगर रोग नहीं ठीक होता,
लम्बे समय तलक अंगों से, जिन्दगियाँ परेशान करती।।

काया आकार में हमेशा, लम्बी पतली ही होती है,
लम्बे पतले हाँथ पैर भी, अंगुलीं भी लम्बीं होतीं हैं।
शीघ्र उन्हें लगता चश्मा, शल्य क्रिया की पड़े जरूरत,
जैसे जीवन गुजरता जाता, कठिन परिस्थितियाँ होतीं हैं ।।

मिला रोग विरासत में होता, संयोजी ऊतक असर पड़े,
दिल की बड़ी धमनी के असर, से जीवन ऊपर असर पड़े।
केवल शल्यकी के ही द्वारा, धमनी पर तनाव कम होता,
फिर नियमित निगरानी द्वारा, कुछ महत्व हमारी समझ पड़े।।

एक ही परिवार के अन्दर भी, भिन्न–भिन्न लक्षण दिखते हैं,
कुछ को केवल हल्का प्रभाव, कुछ के कष्टकारी दिखते हैं।
कुछ में धमकातीं जटिलतायें, वाधित विकास क्रिया करतीं,
उम्र के साथ ज्यादातर रोग, धीरे से बिगड़े दिखते हैं।।

एक स्तन बाहर को व फैला, दूसरा धंसा अन्दर दिखता,
एक तालू उच्च धनुषाकार, वहीं भीड़ भरे दाँत दिखता।
चिकित्सक को हृदय की ध्वनि, है मन्द मन्द सुनाई देती,
असामान्य घुमावदार रीढ़, व पैर पूरा सपाट दिखता।।

चिकित्सक को रोगी बालपन, से दिखाया जाना चाहिये,
आवश्यक जाँचों का तुरन्त, करवा लिया जाना चाहिये।
जीवन कुछ अच्छा हो सकता, शीघ्र इलाज करवाने से,
पर बीमारी बहुत बुरी है, यह भी जान लेना चाहिये।।

इसका जीन एक प्रोटीन के, उत्पादन में सक्षम दिखता,
जो संयोजी ऊतक को लोच, व ताकत को देता दिखता।
अधिकतर विकार माँ बाप के, जीन से ही हैं मिला करते,
व सम्भावना के अनुसार, पचास प्रतिशत मिलता दिखता।।

जब ये असमान्य जीन नहीं, माता व पिता से हैं आते,
तो कभी कभी उत्परविर्तन, द्वारा अपना रंग जमाते।
जो अनायास तथा कहीं भी, क्रिया कलाप चालू रखते,
तब वैज्ञानिक तक हैं अपने, दाँतों तले अंगुली दबाते।।

हर लिंग, नस्ल, जात के बीच, समान ही सभी दृष्टि रखता,
मात पिता के ही अनुरूप, वह बदली हुई सृष्टि रखता।
जटिलताओं में धमनी रक्त, की आपूर्ति नहीं कर पाती,
टूटने, फूलने, फटने से, वापस न कोई युक्ति रखता।।

हृदय वाल्व व आँख का लैंस, भी जल्द प्रभावित हो जाते,
ग्लूकोमा, तान्त्रिक तन्त्र भी, हैं जल्द प्रभावित हो जाते।
शरीर कंकाल एक तरफ को, झुका हुआ है दिखने लगता,
गर्भावस्था में होने वाली, दिक्कत से लोग घबड़ा जाते।।

पहले से प्रतिस्पर्धी खेलों, में भी भाग लेना चाहिये,
तेज चलना या युगल टैनिस, को सुरक्षित समझना चाहिये।
बीमारी तो बीमारी ही है, समझ बूझ कर ही कुछ करना,
समय समय पर राय चिकित्सक, से लेते भी रहना चाहिये।।

❖❖❖

बड चियारी सिन्ड्रोम
(Budd Chiari Syndrome)

इसमें यकृत की धमनी में, पैदा रुकावट होने लगती।
खून बाहर जाने न पाता, दिल तक पहुँच में रोक लगती।।
बातें और बहुत हो सकती, जिन पर हुई निगाह सभी की।
बहुत सी जाचों के बाद भी, कारण पता नहीं चल सकता।। 1

अमेरिका में रक्त विकार का, बहुत खास है इक कारण यह ।
अस्थि मज्जा में कोशिका की, बढ़ी संख्या का कारण यह।
सिकल सैल,आनुवांशिक विकार भी देखे गये सदा शामिल,
कारण बढ़ती प्रवृत्ति तन की, या है अज्ञात अभी तक यह ।। 2

सावधानी तथा जानकारी, है नियन्त्रण का ज्ञात तरीका।
मुख वाली गर्भ निरोधक से, भी इसको है जोड़ना सीखा ।।
अन्य विषय की कर अनदेखी, विरासत से इसे जोड़ा गया।
कैंसर कारण बड़ी नसों में दिखा, रोक से जीवन फीका ।। 3

संक्रमण और यकृत आघात, प्रतिरक्षा दमनकारी दवायें ।
बच्चों में जलोधर, पीलिया, सूजन के कारण बतलायें ।।
लक्षण में मितली, उल्टी भी, वजन घटना,खून की उल्टी।
बढ़ा हुआ दिख जाता प्लीहा, निचले अंग सूजन दिखलायें ।। 4

सलाह हेतु आन्तरिक अंगों, के माहिर को ही दिखलायें।
पाचन तन्त्र के माहिर की, राय को भी सभी सम्हालें।।
धीरे धीरे रोग की स्थितियाँ, जिस हालत का करें इशारा।
शिरोधार्य हर हाल करके हर, हालत हिम्मत दिखलायें ।। 5

❖❖❖

विल्सन्स रोग
(Wilsons Hepato Lenticular Disease)

बेसल गैंगलिया, सिरोसस, व कार्निया का भूरा रंग।
ऐसी है बीमारी जिन्हें, देख सब ही हो जाते दंग ।।
ताँबा तथा अमाइनो एसिड, चयापचय पैतृक बीमारी।
यकृत बन आकार मसूर का, करता है खराब अंग प्रत्यंग ।। 1

यह कम पाया जाने वाला, एक ऐसा रोग होता है।
जिसमें निकलने वाली जगह, ताँबा जमा हुआ मिलता है।।
बारह से तेईस की उम्र में, यह ज्यादा है देखा गया।
खून में अधिक मात्रा हो तो, यह जानलेवा भी होता है।। 2

सूजन थकान, पेट दर्द और, चल बिना तालमेल रखता।
या कि लम्बे समय, सालों तक, सारी जिन्दगी में रह सकता।।
यह चयापचय उत्परिवर्तन की है बीमारी कहलाता।
जिसमें ए.टी.पी.सात बी जीन, से जीवन मात खा जाता।। 3

अनुमानित जीवन चालीस, का अक्सर ही है कहा जाता।
इसका मतलब काफी समय, दुर्गतियों मध्य सहा जाता।।
जानकारियों के अभाव में, ऐसा ही लगता अभी तलक।
मों के इलाज में सफलता, जल्दी देगा हमको दाता ।। 4

❖❖❖

हीमोफिलिया (Haemophilia)

मानव जन्म हुआ करता है, स्त्री और पुरूष मिलन से।
विज्ञान कहे यह एक्स वाई, गुणसूत्रों के सही मिलन से।।
पुरूष में एक्स वाई गुणसूत्र, महिला में एक्स–एक्स होते।
विषम परिस्थिति के पड़ने से, रोग हैं आनुवांशिक होते।।
एक ऐसी स्थिति का वर्णन, ही हम आज यहाँ हैं करते।
मात पिता के मिलन स्वरूप, दुख हजारों सहते रहते।।
यह रोग हीमोफिलिया नाम, से है आज पहचाना जाता।
लाइलाज तो होता ही है, पीड़ित को जल्दी ले जाता।।
एक्स गुण सूत्र विषमता से, ही होता दिखा यह परिणाम।
इसको ए व बी दो ग्रुप में, बाँटने की है चर्चा आम।।
कटने, छिलने, या आन्तरिक, चोटों से इसमें बहता रक्त।
जीभ मसूढ़ों की चोटों से, बहुत दिनों तक रूके न रक्त।।
बार–बार जोड़ों की सूजन, होती व चकत्ते भी नीले।
आनुवांशिक विशेषज्ञ से, बिना गवाँए कुछ वक्त मिलें।।
गर्भधारण के तीन माह तक, हो सकती इसकी पहचान।
तब आगे इलाज आदि का, बनता दिखता कोई विधान।।
सामान्यतः रक्त के अवयव ही, घाव भी भर दिया करते हैं।
फैक्टर आठ व नौ की कमी, से थक्के न जमा करते हैं।।
देश में हो चुके कुल मरीज, अब तक तकरीबन एक लाख।
प्रति वर्ष बढ़ाकर तेरह सौ, घटाए हैं हम अपनी साख।।

17अप्रैल विश्व हीमोफिलिया दिवस

❖❖❖

जन्मजात एगामाग्लोबिनीमिया
(Congenital Agamaglobinemia)

पुरुष जीन के कमजोर भाग, से पैदा होता है।
और केवल पुरुषों में ही, यह पाया जाता है।।
होता गामाग्लोबुलिन के न, पाये जाने से।
रोग इलैक्ट्रोफोरैसिस से, पहचाना जाता है।।

रोगी को विषाणु प्रकोप भी, सहना पड़ता है।
वायरस का असर सामान्य, सा ही रहता है।।
उचित रोगाणुनाशक दवाइयों, के साथ उन्हें।
गामाग्लोबुलिन कीं सुईं हर, माहलेना पड़ता।।

बहुत कम पाई जाने वाली, बीमारी होती।
मुश्किल से कोई जाने तो, घबराहट होती।।
रक्त टाइपिग ना होने से, टीका नहीं लगे।
सही कहें तो चयापचय की, बीमारी होती।।

❖❖❖

मधुमेह
(Diabetes Mellitus)

बीमारी होती शक्कर की,
पर बड़ों–बड़ों के टक्कर की।
जान बचा कर भाग न सकते,
लगती चक्कर ही चक्कर की।।

भूख, प्यास, पेशाब बढ़ाती,
तन में भोजन लगा न पाती।
इक है छोटी ग्रंथि अग्न्याशय,
जिससे उबर न जनता पाती।।

जिसका रस इन्सुलिन कहलाता,
जो रखता हर अंग से नाता।
लैंगर हैंस के कोशिका गुच्छ,
से वह बाहर निकल बताता।।

निकले कोशिका गुच्छों से,
इन्सुलिन अच्छों अच्छों से।
बदला है शक्कर को करती,
बंधवा के ढाँढस सच्चों से।।

ऊतक ज्यादा शक्कर लेते,
कभी यही बाधित भी होते।
रोकें कभी चर्बी का बदलना,
ये काम निरन्तर रहते होते।।

बदल नतीजा स्वरूप जाता,
पेशाब में है शक्कर जाता।
प्रोटीन खर्च अधिक होती,
चर्बी गोदाम कम जाता।।

केवल इन्सुलिन के प्रभाव से,
तन बचता शक्कर अभाव से।
चमड़ी, यकृत, थायराइड भी,
देते साथ अपने स्वभाव से।।

मधुमेह होता दो प्रकार का,
जिसमें न कोई बेकार का।
पहला तो बच्चों में होता,
दूजा कहलाता वयस्क का।।

पहले में इन्सुलिन कम होती,
दूजे में यह बाधित होती।
बाधाएँ दोनों अलग–अलग,
चिन्तायें अलग–अलग होतीं।।

जाँच करा लेना जरूर है,
मिट पाता तब ही फितूर है।
उत्तम जगह इलाज कराना,
नीचे लाकर अपना गुरूर है।।

तला भुना खाना खाने से,
सेहत बिगड़े अनजाने से।
व्यायाम तनिक साधे रहता,
जल्दी तकलीफें आने से।।

मरीज का भोजन वैसा हो,
जैसा साधारण जन का हो।
भले जरा सी रोक लगा लें,
तकि न किन्चित वह मोटा हो।।

रक्त औ मूत्र में तदनन्तर,
शक्कर बढ़ने का है मन्तर।
दिल, चमड़ी, तिल्ली, आँखों में,
शीघ्र दिखा करता है अन्तर।।

पता नहीं असली कारक का,
मन उदास रहता धारक का।
कोई कितना भी समझाए,
पर नाम वह पूछे मारक का।।

आनुवांशिक होती बीमारी,
भले दिखे आंशिक यह सारी।
चयापचय पर है आधारित,
करके सब रखना तैयारी।।

गर पहले सभी जान जाएँ,
संक्रमण नहीं होने पाए
भरा न करते शरीर के घाव,
अगर इलाज नहीं कर पाएँ।।

अब इलाज बिल्कुल सटीक है,
होता तुरंत मरीज ठीक है।
नियमित जाँचें और चिकित्सा
सेहत फिर रहती नजदीक है।।

परेशान भले रहे मधुमेह,
अपनों पर रखें सदैव स्नेह।
राय चिकित्सक की ही माने,
गुरुदेव ढूँढिए दिखा स्नेह।।

❖❖❖

गठिया (Gout)

चयापचय की है बीमारी,
जिसकी नहीं कोई लाचारी।
बहुत अनिश्चित पैदाइश है,
पर पैतृकता पर है वारी।।

इसका जब उद्‌भव हो जाता,
जोड़ों पर यूरेट जमाता।
हर जोड़ की सतह के ऊपर,
ऊतकों संग पैठ मिलाता।।

वृक्कों में पथरी भी मिलती,
यूरिक एसिड बढ़ी भी मिलती।
दर्द अचानक जोड़ों में और,
खाट खड़ी लागों की मिलती।।

मगर बाद में तन के ऊपर,
टेढ़ापन दिखने लगता ऊपर।
इलाज के दौरान भी आप,
पानी पिएं दस गिलास ऊपर।।

उचित इलाज नहीं होने से,
नसों मे सूजन के बढ़ने से।
रस्ता सही मिल सकता तुमको,
उचित चिकित्सक से मिलने से।।

करना है आनुपातिक भोजन,
भले हो रहे बड़े प्रयोजन।
पानी बहुत अधिक पीना है,
इसकी गांठ बांध ले जन–जन।।

जहाँ यूरिक एसिड जम जाता,
वहीं रोग गठिया हो जाता।
दर्द पैरों, एड़ियों, गांठों में,
असहनीय तक है बढ़ जाता।।

दाल, दही, सूखे फल, पालक,
जैसों पर कभी न करें अमल।
मांस, बेकरी की वस्तुऐं,
औ शराब को समझें दलदल।।

इलायची व सेब का सिरका,
अंगूर, टमाटर, कच्चा पपीता।
नींबू, चना दाल, दूध अण्डा,
लाभ करे, न लगाये पलीता।।

❖❖❖

कालामोतिया
(Glaucoma)

आँख का ऐसा मर्ज है यह, जो हमें बना सकता है अंधा।
लाइलाज भी लगता सबको, चौपट करवा सकता धंधा।।
इसमें दृष्टि हो सकती है, हमेशा के लिए भी समाप्त।
लाख इलाज बाद भी जिसको, नहीं किया जा सकता मंदा।।

वास्तव में यह बीमारियों, का है समूह बताया जाता।
इसे काला मोतिया, काँच बिन्द, ग्लोकोमा कहा जाता।।
आँखों की नसें धीरे–धीरे, यह कर दिया करता खराब।
आँखों का अन्दरूनी दबाव, जिसका मुख्य कारण होता।।

सामान्यतौर पर आँख में, एक द्रव्य बनता रहता है।
जो कि डॉक्टरी भाषा में, एक्वस ह्यूमर कहलाता है।।
गर कोई रुकावट आ जाती, है जिसकी कहीं निकासी में।
बस यही द्रव्य तब आँख की, नस अन्दर दबाव बढ़वाता है।।

नतीज़तन आँख की रोशनी, होने लग जाया करती कम।
इलाज नहीं होने के कारण, दर्द आँख में रहता हरदम।।
केवल नेत्र दबाव ही है, जिसका उपचार तनिक सम्भव।
अन्य किसी तरह के दावे में, कहीं नहीं है कोई भी दम।।

उन लोगों को भी है खतरा, जिनकी आँख में चोट लगी हो।
उम्र हो चालीस से ऊपर, या घर मे यह बीमारी हो।।
मधुमेह से पीड़ितों को भी, यह अक्सर मारता है दंश।
व लगातार जाने अनजाने, गर लेता स्टेराइड हो।।

समय रहते काला मोतिया, की गर जाँच करा ली जाए।
तब ही वह सामान्य ज़िन्दगी, जीकर न पीछे पछताए।।
अनजानी घटनाओं पर है, नहीं नियंत्रण देखा जाता।
सब प्रभु के आधीन विषय हैं, वर्ना कोई न पीठ दिखाए।।

❖❖❖

मोतियाबिंद (Cataract)

सबसे अधिक प्रभावी ढंग से, त्रुटि का असर दिखाई देता।
ठीक नजर वाले को लगता, कमतर उसे दिखाई देता।।
धीरे–धीरे वही अन्दाज़, पूर्णता को करता प्राप्त।
और वही कहने लग जाता, बिल्कुल नहीं दिखाई देता।।

गर समय लगे अभ्यस्त होने में, धुँधलके से रोशनी को।
एक से अधिक बिम्ब दिखें या, प्रतीत चकाचौंध आँखों को।।
चश्मा नम्बर जल्दी बदलें, धुँधला–सा दिखना हो चालू।
लक्षण हैं मोतियाबिन्द के, तैयारी करें शल्यकी को।।

यह परिर्वतन अधिकतर उम्र, के कारण से देखा जाता।
कभी प्रोटीन व विटामिन ए, कम होने से यह बन जाता।।
आन्तरिक क्रिया कलाप भी, करते दिखे इसे प्रभावित।
लैंस विघटन या कड़कपन के, कारण भी यह देखा जाता।।

सम्भावित कारण तो बहुत अधिक हैं, दिखते हमें हैं सामने।
जिसकी फिर कभी जानकार, रख देंगे सभी के सामने।।
''गुरूदेव'' केवल जनता को, जागरूक हैं करने निकले।
जिसकी मशाल बड़े–बड़े तक, जोर–शोर से लगे थामने।।

आप विशेषज्ञों के द्वारा, ही करवायें इसकी जाँच।
जिनके अनुभव औ ज्ञान से, नहीं किसी को आयेगी आँच।।
शल्य क्रिया ही एक रास्ता, बचें अन्य गलत प्रचार से।
सही जगह शल्य क्रिया तो, सब फौरन लगते कागज़ बाँच।।

मोतिया बिन्द एक आँख में, अथवा दोनों मे आ सकता।
घबड़ाने की है बात नहीं, फिर पुनः नहीं यह आ सकता।।
जगहों जगहों शिविर लगाकर, भी खूब शल्य क्रिया होती।
स्वयं पहुँचिए तारीखों पर, जो है जहाँ पहुँच सकता।।

गलत काम भी इसके पीछे, जहाँ तहाँ दिखलाई देते।
कुछ चीजों की लालच कारण, परेशान दिखलाई देते।।
सरकारी अस्पतालों में यह, कार्य हुआ करता है मुफ्त।
अगर कहीं कुछ फीस लगे, रसीद तुरन्त ही दे देते।।

शल्य क्रियाओं की विधिओं में, एक पुरातन चीरा वाली।
हर जगह न हो सकती जो वह, होए दूसरी फेको वाली।।
और तीसरी विधि लेज़र का, ख़ूब ही प्रचलित है नाम।
तीनों ही हैं सफल सटीक, अच्छा प्रतिफल देने वाली।।

फेको की उन्नत तकनीकी, को मिक्स कहा जाता है अब।
छोटा चीरा बिन टाँके के, उपयोग किया जाता है अब।।
अस्पताल से उसी दिन छुट्टी, अक्सर है कर दी जाती।
सब देखें क्या क्या उन्नति, विज्ञानी दिखलाते हैं अब।।

❖❖❖

अंधापन और रतौंधी
(Blindness-Night Blindness)

आँख के मैकुलर का अधःपतन, दोनों में बराबर होता,
पहले एक आँख से फिर, दूसरी में देखना खतम होता।
सारी क्रियाओं का ताल्लुक, होता उम्र साथ पैठ बनाना,
शुष्क व गीले दोनो प्रकार, से पर्दे से सम्बन्ध बनाता।।

परिवार, धूम्रपान, रक्तचाप, के संग उम्र घटाते बढ़ाते,
आना काला धब्बा सामने, यह मरीज रहते बतलाते।
फिर यही संयोगवश रोशनी, से होता है काफी खराब,
लेकिन किसी कोंण से रोगी, सटीक हैं दिखना बतलाते।।

मर्ज गति मैकुलर अधःपतन, पर ही किया निर्भर करती है,
जल्द बढ़ने को मदद फोटो, कोएगुलेशन क्रिया करती है।
ग्लोकोमा, रेटिनोब्लास्टोमा, कैटेरेक्ट, व डायबिटीज,
जैसी व्याधियाँ आ काफी, बाधा उत्पन्न किया करतीं हैं।।

कभी कभी कुछ रंगों को खुद, आँखें पहचान न पाती है।
या यूँ कह लें कुछ रंगों में वे, ही भेद नहीं कर पातीं हैं।।
पर्दे में स्थित कोशिकाएँ, हजार प्रकार देखीं जातीं।
किंचित पैतृक कमियों से हैं, अपना ही खेल देख न पातीं।।

कभी हरा तो कभी है लाल, नीला कभी कभी है काला।
जब व्यक्ति नहीं समझ पाता, उनके दिल में गड़ता भाला।।
मगर व्यक्ति बहुत हैं ऐसे, जिनकी प्रगति भी थम सकती,
कई बार तो इसके कारण, गले न पड़ पाती वर माला।।

यह बीमारी जन्म जात है, जिसका कोई इलाज नहीं,
पीढ़ी दर पीढ़ी चल सकती, लेकिन है सुलभ मिज़ाज नहीं।
ध्यान लगाकर बहुत देखते, धरती और आकाश आज का,
किसी रंगीले अन्दाज़ का, ले पाते जग के मजा नहीं।।

रतौंधी को सैक्स जीन से, जुड़ा हुआ कह दिया जाता है,
रोग एक प्रतिशत महिला बीस, प्रतिशत आदमी में होता है।
रंग को पहचानने में बहुधा, वह होता गफलत का शिकार,
लाल रंग आगे फिर दूसरे, को मौका मिल पाता है।।

कहा जाता है कि बचा वही, होता इन मर्जों का इलाज।
अमूमन प्रयोग आने की, दवाइयाँ हैं केवल अंदाज।।
देखो विश्व कब तक भटकता, इस रोग से लड़ते हुए।
देर सबेर निकलेगा सूरज, अंधेरे तब आयेंगे बाज।।

❖❖❖

निकट दृष्टि दोष
(Myopia)

यह दृष्टि दोष होए निकट का, फिर भी होता जरा विकट का।
परेशान अगर अधिक करे तो, पकड़ा सकते बिना टिकट का।।
लेकिन इसके बिल्कुल उल्टे, नहीं दिखाई दूर का देता।
जीवन की इस विडम्बना से, कुछ को बना ही रहता खटका।। 1

अक्सर यह आनुवांशिक होता, खुद को पता होने लगता है।
लम्बे समय तक या ताजिन्दगी, यह दोष वहीं रह जाता है।।
दूर की चीजें धुंधली हो फिर, धीरे से खराब हो जातीं।
आँख पर जोर, भैंगापन तथा, सिर दर्द तक है होने लगता।। 2

द्विनाभित चश्मा कान्टैक्टलैंस, अपर्वतन शल्यकी या लेजर।
सहायक कहीं कहीं हो जातीं, आँख की कसरत मदद लेकर।।
नियमित कराएँ आँख परीक्षण, सूर्य रोशनी से बचाएँ।
स्वास्थ्यवर्धक आहार खाइए, उचित चश्में का प्रयोग कर।। 3

❖❖❖

रैटिना के धब्बे
(Retinitis Pigmentosa)

करता वार नहीं आगे से,
है पीछे से करता दिखता।
रेटिना की पिछली दीवार,
क्षतिग्रस्त करता दिखता।।
रोग जरूर यह पैतृक है,
पर बर्बादी दिख जाती।
रोगों के धब्बे से समूह की,
नयनों की दृष्टि चली जाती।। 1

रेटिना की कोशिकाओं को,
हग राड्स व कोन्स कहते।
बाहरी ओर को राड्स और,
केन्द्र के पास कोन्स रहते।।
इस रोग में सभी से पहले,
राड्स पर ही असर पड़ता।
जिससे रात्रि में हम किनारे,
की नजर का जाना सहते।। 2

जैसे–जैसे रोग उचकता,
असर उस तरह ही बढ़ जाता।
कोन्स के खराब होने से,
दिखलाई कुछ ना दे पाता।।
चार हजार में एक मरीज,
सभी जगह पर पाए जाते।
राहत इलाज से कुछ मिलती,
पर ठीक नहीं वह हो पाता।। 3

बचपन से ही है दिख जाता,
करें जल्दी हालत खराब।
जल्दी से असर दिखाने में,
है इसका ना कोई जवाब।
लोग लोग में रूप बदलता,
नजर खत्म चालिस से पहले।
सम्हलने का देय न मौका,
शीघ्र बढ़ाता अपना ताब।। 4

तब ही तो हर व्यक्ति दहलता,
तरह–तरह के जीन्स से ही।
आते रोज बहुज प्रकार के,
सन्तति तक है फिर भी ये ही।
पहुँच बनाती तीन तरह से,
दुर्वल, मजबूत व माँ के एक्स।
पचीस–पचास प्रतिशत तक के,
दिखा खेल जाते हैं ये ही।। 5

❖❖❖

अस्थिसुषिरता (Osteoporosis)

कैल्सियम हमारी हड्डियों को,
भरसक मजबूती देता है।
पर उसीकी कमी के कारण,
आस्टियोपोरोसिस होता है।।
साथ साथ ऊतकों का घनत्व,
कम होते जाने के कारण।
कठोर हड्डियों का स्वभाव,
भुरभुरा होने लगता है।। 1

अत्यन्त धीरे धीरे से ही,
इसे बहुत बढ़ावा मिलता है।
प्रारम्भ में तो लक्षणों का,
पता नहीं चला करता है।।
जोड़ो में दर्द, व खड़े होने
में कठिनाई पहले होती,
सीधे बैठने की तकलीफ,
से रोगी को पता चलता है।। 2

यह बीमारी वृद्ध जनों में,
अक्सर कर है देखी जाती।
झुकती हुई शारीरिक स्थिति,
इसका आभास करा जाती।।

सभी हड्डियों का भार, घनत्व,
है शनैः शनैः घटता रहता।
कूल्हे कलाई व मेरुदण्ड,
की हड्डियों को करता नष्ट।
इसीलिए फिर आमतौर पर,
हड्डी टूट जाया करती है।। 3

अन्य कई सम्बन्धित कारण में,
पोषण की बातें असर करें।
समस्यायें हारमोन की भी,
विपरीत तरीके असर करें।।
देखा गया हड्डियों में अक्सर,
आनुवांशिकता का भी प्रभाव।
औषधियाँ, मदिरा, धूम्रपान
जैसी भी अक्सर असर करें।। 4

अल्ट्रासाउन्ड, बोन डैन्सिटो मीटर,
से आप परीक्षण करवा लें।
और अन्य खराब अस्थियों की,
भी पूरी जाँचें करवा लें।।
काफी कड़ी नजर रखना है,
जिनका टूटना हो सम्भावित।
कार्य शैली कोई अपनायें,
पर नजर आयु पर करवा लें।। 5

❖❖❖

सिमन्स रोग
(Pan Hypopitutarism)

यह अग्न्याशय के अगले भाग,
के विनाश को है कहा जाता।
जो ट्यूमर की गाँठ व बच्चा,
जन्मते रक्त स्राव से आता।।
सही कहें हार्मोन्स कीं कुछ,
कमियाँ होतीं असली कारण।
इसलिए हाइपो थैलेमिक,
कैकैक्सिया भी कहा जाता।। 1

स्टैराइड हारमोन से है,
इलाज भी किया जा सकता।
नहीं तो फिर शल्य क्रिया से,
ही इसे निकाला जा सकता।।
फिर ताजिंदगी दवाओं पर,
ही मरीज हो जाता निर्भर।
लेकिन सज़ग रहा तो जीवन,
बिताया ठीक से जा सकता।। 2

❖❖❖

महाकायता
(Gigantism)

अग्न्याशिक, इओसिनोफिलिक,
एडीनोमा के कारण होता।
जो मुख्यतः विकास हारमोन,
पर पूरी तौर निर्भर होता।।
खासकर लम्बी हड्डियों मे,
वृद्धि उनके छोरों पर दिखती।
तभी दोनों तरफ से वह व्यक्ति,
सात आठ फुट ऊँचाई पाता।। 1

ऐसी दुर्लभ असामान्य स्थिति,
बाल्यकाल से दिखने लगता।
उम्र के सापेक्ष ऊंचाई,
सबकी नजरों में आ जाता।।
शीघ्र उपचार किसी हद तक,
ही रोक है सकता वृद्धि को।
पर आनुवांशिक होने से वह,
अपेक्षित सुधार न कर पाता।। 2

निश्चित ही यह बीमारी भी,
चयापचय की ही है होती।
जिसमें अग्न्याशय के स्राव से,
अनियंत्रित वृद्धि हो जाती है।।
बच्चों व किशोरों की हड्डियाँ,
बढ़ने से सीमा के बाहर।
असामान्य वृद्धि साथ ऊतक में,
तेजी आ जाया करती है।। 3

शल्य क्रिया के बाद भले कुछ,
हद तलक मिलती उन्हें मदद।
मगर इन हड्डियों में गिने जा,
सकते सिर्फ एक आध अदद।।
आनुवांशिकता के कारण ही,
आती तरह तरह की अड़चन।
शायद भविष्य तोड़ भी सकता,
ऐसे दिक्कतों की सारी हद।। 4

❖❖❖

अतिकायता
(Acromegaly)

अग्न्याशय के अगले भाग से,
वृद्धि हारमोन्स का अधिक स्राव।
बिगाड़ कर रख देता शरीर,
के अन्दर बाहर हाव भाव।।
इसका भी इओसिनोफिलिक,
एडीनोमा है होता कारक।
जो लम्बी हड्डियों के छोर,
बढ़ने से बदल देय दिखाव।। 1

इलाज से लाभ मिला करता,
परन्तु ठीक नहीं हो पाता।
बहुत ज्यादा आता पसीना,
यौवन में देर होना दिखता।।
जबड़ों की अति वृद्धि, हृदय रोग,
उच्च रक्तचाप, सिरदर्द, आम हैं।
बड़े हाथ पैर, मोटा चेहरा,
अनियमित माहवारी दिखाता।। 2

❖❖❖

बौनापन
(Dwarfism)

कद चार फुट दस इंच से कम,
को बौना यहाँ कहा जाता।
बीमारी का कारण इसकी,
आनुवांशिकता जाना जाता।।
आनुवांशिकता उत्परिवर्तन का है,
यह भी एक अनूठा प्रकार।
जिसमें इसी कारण से लेय,
जवानी भी देर से आकार।। 1

पैर मुड़ना,पीठ झुकना और,
दाँतों का एकत्रित होना।।
छोटे अंग व छोटे धड़ साथ,
बौद्धिकता सामान्य होना।।
अन्य अंगों के अनुपात में,
बड़ा सिर माथा हुआ करता।
रीढ़ की वक्रता के साथ ही,
पैर का झुका होना।। 2

❖❖❖

उत्परिवर्तन = गुणक्रान्ति = म्यूटेशन

मांसपेशियों की शिथिलता
(Myasthenia Gravis)

माँस पेशियों की शिथिलता,
का जिम्मेदार नदारद है।
जिसे नहीं कोई लिख सकता,
इसकी कुछ अबुझ इबारत है।।
तन्त्रिका तन्त्र के संचरण की,
त्रुटि के कारण है यह होता।
नस व माँस के चौराहे पर,
वाद विवाद बना ही रहता।। 1

कभी माँस पेशी कमजोरी,
पर जीवन आशा सामान्य।
लेकिन कभी वही बन जाती,
हैं विपरीत व असामान्य।।
अगर आँख के आसपास की,
हुईं प्रभावित माँसपेशियाँ।
दोनों आँखों कीं पलकें तब,
तुरन्त झपकना लेती मान।। 2

दोहरी दृष्टि, चबाने, निगलने,
साँस के लेने में कमजोरी।
मुँह व गले के इन हालों पर,
कोई करे नहीं बरजोरी।।

नींद के अच्छी आ जाने पर,
हालत में देखा गया सुधार।
हृदयपेशी पर असर न होता,
भले करे ना कोई दुलार।। 3

मगर फैलने से शरीर में,
निदान बहुत कठिन हो जाता।
प्रतिरक्षा का क्षरण होकर के,
ऊतकों पर हमला हो जाता।।
यह होता गल्ती से अपने,
ही घर से हमला होने पर।
व बुखार, तनाव, दवाई का,
प्रतिकूल प्रभाव जता जाता।। 4

इस रोग में सीढ़ी चढ़ने व,
बात करने में परेशानी।
चेहरे का पक्षाघात तथा,
आवाजें कर्कश हो जातीं।।
दोहरी दृष्टि के साथ –साथ,
खाने, पीने रो थक जातीं।
थाइमस पर असर होने से,
यह बीमारी है आ जाती।। 5

जाँच के लिए आँख चलाएँ,
व उँगली को छुलवाएँ नाक।
शारीरिक सनसनी जँचवाएँ,
और गर्मी को रख दें ताक।।
खतरा अधिक बना रहता है,
इन्हीं विकारों के विकास का।
ल्यूपस, र्‌यूमेटाइड, व गाउट,
का विषय न हास परिहास का।। 6

❖❖❖

सोरायसिस
[Psoriasis]

ऐसे अनोखे रोग को भी, आपको जान लेना चहिये,
इसका पैतृक व स्वप्रतिरक्षित, होना जान लेना चाहिये।
काफी दिन तक रहने वाली, बीमारी के बरखिलाफ भी,
इसे फैलने वाला नहीं, आपको मान लेना चाहिये।।

चमड़ी की ऊपरी सतह पर, सूजन ललामी सी होती,
जिसके ऊपर सफेद चाँदी, की इक पर्त सी बिछी होती।
स्त्रियों और पुरुषों में इसका, पाया गया बराबर प्रतिशत,
आबादी के दो प्रतिशत को, यह प्रभावित करती होती।।

पर्यावरण भी इस बीमारी, पर है अतिशय असर डालता,
गहरी चोटें, सूर्य–किरणें, संक्रमण, शराब असर डालता।
असर डालने में दवाइयाँ, भी कोर कसर नहीं छोड़तीं,
ठण्ड, मानसिक दबाव को भी, सबने देखा असर डालता।।

खुजली व दर्द महसूस होता, रहता है चमड़ी के ऊपर,
चाँदी के भी स्केल्स दिखते, मोटी लाल पर्तों के ऊपर।
ललाई और सूजन भी तो, बनी हैं रहतीं चारों तरफ,
झलके खून वहाँ फटने से, थोड़ा–थोड़ा चमड़ी ऊपर।।

कई प्रकार से सोरायसिस, है दिखा अपने को करता,
प्लेक, गुट्टे, उल्टी फफोलों, सा कई बार दिखा करता।
करीब दस मिलियन रोगी तो, होते हैं भारत में प्रतिवर्ष,
स्वप्रतिरक्षित होने कारण, बढ़ता जल्दी दिखा करता।।

सही इलाज की दृष्टि से यह, लाइलाज रोग होता है,
परन्तु कुछ दवाओं से आज, काम चल रहा दिखता है।
फोंटोथीरेपी से हमको, कुछ हद तक ही मिली मदद है,
पर जीवनपर्यन्त इसे रोगी, अनचाहे ढोता रहता है।।

❖❖❖

ककर्ट, कैंसर (Cancer)

कैंसर शब्द प्रयोग केंकड़े की,
प्रवृति के कारण किया जाता।
उसी तरह से अपना प्रसार,
सभी तरफ फैलाता जाता।।
जिस प्रकार केंकड़ा किसी भी,
दिशा की तरफ है चल देता।
उसी तरह से मनुष्य के किसी,
भी भाग तक है फैल जाता।। 1

कैंसर होता बहुत भयानक,
बहुतेरी आकृतियाँ लाता।
पता रोग का जिसको पड़ता,
उसको यह पल भर ना भाता।।
जान बूझ कर थोड़े कोई,
इन्हें चाहे अंगीकृत कराना।
और बहुत कोशिश करने पर,
कोई इसको भगा न पाता।। 2

कई भ्रांतियों मध्य रोग यह,
करें चिकित्सक को गुमराह।
इधर–उधर को घुमा–घुमा कर,
खुद की करवाता वाह वाह।।

कइयों के दावों के ऊपर,
मारे बैठा विज्ञान कुण्डली।
किसी प्रकार सफल होने की,
होती है हर किसी में चाह।। 3

इसके कारक का पता नहीं,
सब यही सोच कर चिन्तित हैं।
सौ दिन चले अढ़ाई कोस,
से परेशान नहीं वे किंचित हैं।।
शोध हो रहे दुनिया भर में,
धीरे–धीरे इस पर काफी।
आशाओं के बीज उगे कुछ,
करा लिया जिन्हें चिन्हित है।। 4

कैंसर को स्थानों–स्थानों पर,
पाया विभिन्न विद्वानों ने।
तदनुसार परिणामों को भी,
है स्पष्ट किया विद्वानों ने।।
यही जब कभी पा जाता है,
प्रवेश रक्त वाहिनियों भीतर।
तब रक्त संग फैलते पाया,
है कइयों जगह विद्वानों ने।। 5

कभी कभी यही द्वितीयक के,
रूप में अचानक दिख जाता।
अण्डकोष का क्रुकेनवर्ग भी,
इसी श्रेणी का कहा जाता।।

जिसकी शुरूआत आमाशय,
से हो आंतों तक जा सकती।
लेकिन इसके ओर–छोर का,
पता नहीं बिल्कुल लग पाता।। 6

यह फैले स्थानीय, लसिका,
व रक्त वाहिनियों के द्वारा।
जानकारी तब हो पाती जब,
दिखता और न कोई चारा।।
ग्रीवा, गर्भाशय, योनि, से यह,
जाता है मूत्र, मलाशय तक।
तब मिले इसे प्रवेश धमनी,
शिरा, लसिका दीवार द्वारा।। 7

कैंसर कोश पहुँचते जहाँ पर,
लसिका ग्रन्थि संचालित होती।
नष्ट हुई गर नहीं इलाज से,
पुनरावृत्ति अवश्य ही होती।।
इनकी पहुँच मस्तिष्क, फेफड़ों,
यकृत, अस्थियों तक भी होती।
जिसकी एक्स रे, सी टी स्कैन,
द्वारा ही है जानकारी होती।। 8

खून में पाया जाने वाला,
ल्यूकीमिया है कहा जाता।
चमड़ी की पैदाइश वाला,
है बेसल सैल कहा जाता।।

इसी तरह शरीर के प्रत्येक,
अंग को लेता बना निशाना।
ज्यों फेफड़े वाले कैंसर को,
स्क्वेमस सैल कहा जाता।। 9

इसमें मुखगुहा मे छाला व,
सफेद दाग, घाव, मस्सा होए।
कठिनाई के फलस्वरूप फिर,
जीभ नहीं बाहर को होए।।
बराबर अपच, स्तन में गाँठें,
लगातार खाँसी व रूखापन।
मस्सा जिसमे परिवर्तन दिखे,
और घाव नहीं भरता होए।। 10

तगड़ा जकड़ लिया है इसने,
आबादी के दसवें भाग को।
लोग अभी भी नहीं देखते,
दिन दूनी इस बढ़ी आग को।।
कैंसर कोसों के जीन्स अलग,
से किंचित हुआ नहीं करते।
पर पहुँचाते चोट जोर से,
शरीर के हर एक भाग को।। 11

कैंसर कोष साधारण से,
कुछ ही अधिक बड़े होते हैं।
इसलिए इनके केन्द्रक भी,
थोड़े बहुत बड़े होते हैं।।

हमको तो आकार हमेशा,
अनियमित जैसा दिखा सदैव।
और केंद्रक भी नम्बरों में,
एक से अधिक ही होते हैं।। 12

चमड़ी की ऊपरी सतह वाले,
को कारसिनोमा कहते हैं।
बीच की सतह पर उपजे को,
सभी सारकोमा कहते हैं।।
यह रोग पूर्णतः अपनाता,
प्रजातान्त्रिक तरकीबों को।
तभी मिले हर जाति, लिंग,वर्ग,
के अच्छों और अजीबों को।। 13

स्तन कैंसर अमरीकन स्त्रियों,
में जर्मन से है अधिक होता।
त्वचा कैंसर श्वेत वर्ण में,
कालों से दिखा अधिक होता।।
यहूदियों, मुस्लिमों में हिन्दू,
महिलाओं की अपेक्षा अधिक।
गर्भाशय व ग्रीवा का कैंसर,
बहुतायत में दिखता होता।। 14

भारत में प्रभावितों की आयु,
औसतन चालीस पचास होती।
यही विदेशों में साठ सत्तर,
तक होते–होते मिल जाती।।

कारक पता न होने कारण,
ध्यान कई चीजों पर जाता।
छूत का रोग न होने कारण,
वह कारसिनोजन कहा जाता।। 15

रोगी या कि कपड़े बर्तन को,
छूने कारण रोग न आया।
फिर भी जनमानस भीतर से,
दिखता रहता है घबड़ाया।।
सही–सही मालूम नहीं पर,
हमको यह सुनने में आया।
एच.आई.वी वायरस से रोग,
का होना कुछ ने बतलाया।। 16

भौतिक, रासायनिक, न्यासर्ग,
वायरस, तम्बाकू,व शराब।
को पशु सूँघ छोड़ देय औ,
अपने लिए समझता खराब।।
जिसके खाने पीने से ही,
निस दिन मौत खड़ी दरवाजे।
वही आदमी करता प्रयोग,
और ना पूछे कोई जवाब।। 17

इनके ही खाने–पीने से,
मुँह व ग्रास का कैंसर होता।
औ धूम्रपान वाले को यह,
स्वरतंत्र फेफड़े का होता।।

रसायनों में कोलतार कार्बन,
टैट्रा क्लोराइड है घातक।
रंगों के उपयोग से भी तो,
चर्म रोग कैंसर है होता।। 18

कर्कट कारक वस्तुओं में भी,
विकिरण, रेडियोएक्टिव आते।
जिनसे कर्कट के होने की,
हम अधिक सम्भावना पाते।।
क्ष–किरण के अधिक प्रयोग से,
भी हैं कर्कट गए कुछ देखे।
नाभिकीय भट्टी कर्मियों में,
भी हम हैं रक्त कर्कट पाते।। 19

सैक्स न्यासर्ग कारण होता,
पुरुषों में पौरुष ग्रन्थि कर्कट।
डिम्ब ग्रन्थियों के कारण ही,
होता स्त्रियों में स्तन कर्कट।।
जो फैल बाद में पेट तलक,
जलोदर का रूप लेय कर्कट।
उम्र विपरीत पनपने वाले,
भी पाये जाते हैं कर्कट।। 20

❖❖❖

न्यासर्ग– हारमोन, कर्कट– कैंसर, कारसिनोजन– कर्कट जनक, सर्विक्स– गर्भाशय ग्रीवा, ओवरी– डिम्ब ग्रंथि, प्रोस्ट्रेट– पौरुष ग्रंथि, एसाइटिस– जलोदर।

घेंघा (Thyroid Goitre)

गले में आगे तितलीनुमा, चमड़ी के बिल्कुल पीछे।
है छोटी ग्रन्थि पर इसकी, मस्तिष्क डोर है खींचे।।
जटिल यौगिक द्रव्यों द्वारा, गर मिले इसे निर्देश।
तो अपना रंग दिखाने में, करत बहुतों को पीछे।।

इसके द्रव्य स्राव को, थायराक्सिन हम कहते हैं।
जिसके कम या ज्यादा बनने, का दर्द सभी सहते हैं।।
कम से हाइपो और अधिक से, हाइपर थाइराइडिज्म।
जिसकी चर्चा जोर जोर से, विज्ञानी भी करते हैं।।

कभी अचानक वज़न बढ़ाती, तो कभी घटाती जाए।
कभी न मासिक धर्म सही हो, और गर्भ ठहर न पाए।।
औसत से सर्दी अधिक लगे, व दिखे गले में सूजन।
गर्भपात हो जाता अक्सर, व थकान अधिक लग जाए।।

आगे निकली आँख दिखे, या खून कमी दिख जाए।
अधिक दिखे मानसिक चिन्ता, या खून दबाव बढ़ जाए।।
इन तकलीफों में से थोड़े, भी दिख जाने पर लक्षण।
थायराइड की जाँच कराने, को फिर ''गुरूदेव'' कहें।।

औषधियों से उपचार निरापद, सम्भव और सही है।
अगर गाँठ बढ़ चुके अधिक, तो शल्य क्रिया सही है।।
दोनों ही आसान तरीके, नहीं तनिक भी घबड़ाओ।
तुमको अपनाना बात वही, जो हमने यहाँ कही है।।

❖❖❖

क्रेटीनिज्म अवटुवामनता
(Cretinism)
Congenital Hypothyroidism

गले मे स्थित थायराइड ग्रन्थि,
सामान्यतः निकालती कुछ स्राव।
जिससे बच्चों की बदल जाती,
शरीर बनावट व हाव भाव।।
रोग होता पैदाइशी पर,
प्रभाव देता चौंकाने के।
बीमार बच्चे का बदल जाता,
समूचा सान्सारिक स्वभाव।। 1

आयोडीन कमी के कारण,
माँ का असर बच्चे पर पड़ता।
आनुवांशिकता के वशीभूत,
गुण सूत्र बटोरना है पड़ता।।
बच्चे का चेहरा आँख सूजी,
सिर खुश्क, पेट फूला होवे।
दुःखी मन के कारण बच्चे का,
रोना अलग सुनाई पड़ता।। 2

करीब तीन हजार बच्चों में,
यह एक में दिखलाई पड़ता।
अनुपात के हिसाब से अधिक,
पहाड़ी क्षेत्रों में देखा गया।।
भूख से परेशान न होता,
लम्बाई भी नहीं है बढ़ती।
वैसे जन्म के समय बच्चे को,
सामान्य ही है देखा गया।। 3

आयोडीन कमी से मानसिक,
शारीरिक विकास रुक जाता।
जिसका माँ को ना मिलने से,
दुःख संताप घर में छा जाता।।
करवट नहीं ले पाता बच्चा,
कब्ज बना रहता है हमेशा।
प्रथम लक्षणों पर अभिभावक,
पास चिकित्सक के ले जाता।। 4

❖❖❖

एल्जाइमर
(Alzheimer)

वृद्धावस्था में होता पर, कई इसे उकसाते हैं।
जो वृद्धों में काफी पहले, से ही पाये जाते हैं।।
मधुमेह, रक्तचाप, सिगरेट, शराब, एकान्त, कुपोषण।
पैतृक बताने को आग में, घी का काम करते है।।

टीलोमेयर इंजाइम्स, जीन्स में पैदा कम होना।
जिससे न्यूरोडीजनरेशन, का खतरा बढ़ने लगना।।
दिमाग के अन्दर असाधारण, प्रोटीन जमने लगता।
उनकी नसों की कोशिकाओं, का नष्ट होने लगना।।

बीमारी धीमी होने से, लक्षण भान नहीं होता।
चार पाँच वर्ष बीत जाते, तब तक अन्दाज होता।।
सेहत का ध्यान, नशा त्याग, योग, व्यायाम के साथ।
सक्रिय दिमाग ही इसको, ठीक रख रहा है होता।।

❖❖❖

जन्मजात वृक्क रोग
(Kidney)

वृक्क के कुछ जन्मजात रोगों, को है हमने पहचान लिया,
जिनमें से कुछ का पुटी वृक्क, व एल्पोर्ट सिण्ड्रोम नाम लिया।
हालाँकि मैडुलरी सिस्टिक व, सिस्टिनोसिस, नेल पटेला भी,
डायबिटीज इन्सीपिडस और नेफ्रोसिस को भी पा लिया।।

इसका इलाज भी तो केवल, लक्षणों पर नहीं किया जाता,
जेनेटिक सलाह के लिए, योग्य मशविरा लिया जाता।
पारिवारिक पृष्ठ भूमि की, गहन जाँच के ही उपरान्त,
पुराने वृक्क रोगों का है, ढंग से संज्ञान लिया जाता।।

संसार में अभी तो कोई, कुछ नहीं है बोलने वाला,
चिकित्सा विज्ञान अभी कइयों, गाँठों को है खोलने वाला।
क्या पता पाठकों तलक पहुँचे, आ चुका हो कुछ और सामने,
तब जानकारियाँ बढ़ने पर, कोई कुछ ना बोलने वाला।।

❖❖❖

पुटी– सिस्ट, सेकेण्डारीज– द्वितीयक, सैल– कोश,

कई थैलियों वाला वृक्क–गुर्दा
(Poly Cystic Kidney)

इसमें जीन के उत्परिवर्तन,
का सिद्धान्त निरूपित होता।
जो मैण्डेलियन प्रभुत्व ऊपर,
ही भारी मोहरें लगाता।।
स्त्री पुरुष दोनों में ही ये,
वंशानुगत ही पाए जाते।
शिशु संदर्भ उत्परिर्वतन से,
पर वयस्क दबदबे से आता।। 1

देखा गया अधिकतम ऐसे,
बच्चे पैदा मृत ही होते।
और प्रसव समय में माँ को,
कष्ट काफी ज्यादा हैं देते।।
वृक्क काम नहीं कर पाता,
जिन्दा पैदाइश से कुछ माह।
आगे का कुछ पता न चलता,
फिर कैसे क्या करते रहते।। 2

वयस्क संदर्भित बीमारी भी,
चालीस उपरान्त पता चले।
जिसमें पेशाब में खून दर्द,
सूजन, रक्तचाप साथ चले।।
पेट मरीज का फूले वृक्क,
आकार बड़ा महसूस होए।
पेशाब में नाइट्रोजन मात्रा,
को हम सारे देखते चलें।। 3

मृत्यु पुराने संक्रमण से या,
उच्च रक्तचाप से है होती।
इलाज लक्षणों का,शल्यकी,
पहले एक की ही की जाती।।
सिस्ट कैंसर रहित हैं थैलीं,
पानी सा तरल भरा होता।
बढ़कर बड़ीं बहुत हो जातीं,
साठ साल तलक काम आती।। 4

जल्दी करना कार्यवाहियाँ,
धूम्रपान व तनाव नहीं हो।
शारीरिक क्रिया पन्द्रह मिनट,
पीठ तरफ आघात नहीं हो।।
खेल गर मैदान में खेलें,
या थोड़ी सी वर्जिश कर लें।
अच्छा लगता है शरीर को,
मन चाही मौत अभी न हो।। 5

❖❖❖

मोटापा
(Obesity)

शादी नहीं करें उससे जो, बेहतर खाना बनाती हो,
मर्द भले जितना खालें पर, नियत रखी वहीं रहती हो।
भूख से थोड़ा कम खाना, सदैव रहा हमारे हित में,
कोई तो ऐसी हो घर में, जो दूजे को समझाती हो।।

बड़े अरमान से भगवान, तुमको भेजे बनाकर हैं,
क्या वापस चाहते जाना, जगत जल्दी सताकर है।
स्वस्थ रह तो चाह भी लोगे, करना काम तुम दो चार,
वर्ना थुलथुल, स्थूल, मोटे, कहलाये जाओगे प्रियवर।।

सबसे अधिक सुधार के योग्य, को हम कहें मोटापा,
लेकिन कोई उन्हें कह दे, तो वे खो देते हैं आपा।
वैसे यह बीमारी अक्सर, पैतृकता का देती प्रमाण,
बेढंगा खाने–पीने से, यह उनके ऊपर चढ़ जाता।।

किसे चाहिये कितना भोजन, यह चयापचय बताता है,
जितनी बड़ी क्रियायें होतीं, उतना ऊर्जावान बनाता है।
आधारभूत चयापचय ही, बना सदैव सहायक करता,
वही शारीरिक रासायनिक क्रिया, से संग्रह करवाता है।।

जिन बातों पड़े असर उनके, है कारण आज बता पाए,
शारीरिक गतिविधियों में नींद, तनाव, आहार दिखे छाए।
आनुवांशिकता, हार्मोन, पर्यावरण, जैसे भी रह सके न पीछे,
अन्यान्य कारणों में केवल, कुछ ही हम यहाँ गिना पाए।।

अगर शरीर अधिक कैलोरी, का करता रहा है उपभोग,
परन्तु शारीरिक गतिविधियों, का नहीं कर पाया उपयोग।
तो यही धुल वसा में जा कर, मोटापे का कारण बनती,
स्थिर वजन रहना कहलाता, ऊर्जा का सही सुन्दर प्रयोग।।

बीमारी का असली कारण, तनावग्रस्त मानव का रहना,
अपने अंतर्मन की बातों को, नहीं किसी से साझा करना।
चावल, गेहूं, रोटी, आलू, शक्कर है मुख्य आहार भाग,
मधुमेह जाँच भी यदा–कदा, मानव को करवाते रहना।।

हाजिर है इक और तरीका, पेट की वसा नापने का,
सभी जगह पर मोटापे को, सटीक तरीके मापने का।
छाती के पिंजर के नीचे, व कूल्हे की हड्डी के बीच।
कमर नापते रहने से कम, हो जाता कयास भाँपने का।।

बच्चे पहले से हो जाते, हैं गलत आदतों के शिकार,
उनको खूब खिलाकर माता, सद्गुण को बनाती विकार।
भोजन के सापेक्ष हमारी, गतिविधियाँ देखी जातीं,
और वही सब धीरे–धीरे, बढ़ाए रखती हैं आकार।।

❖❖❖

स्फीत नसें या वेरिकोज वेंन्स (Varicose Veins)

बीमारी में पैर की नसें, होने लगतीं हैं मोटी।
फिर वह धीरे–धीरे अपने, गुच्छे बनवाने लगती।।
अगर करवाया नहीं इलाज, तुमने समय के रहते।
फिर वह कर लेती घाव में, पूरी अपनी तबदीली।।

उन युवकों–युवतियों के लिए, हैं बनती जाती खतरा।
जो तंग जींस पहनने का, अधिकाधिक लें सहारा।।
कोई रहन–सहन तुम्हीं को, लग जाए बनाने बीमार।
तो तंग जींस को तुरन्त छोड़, ढीली ही करो गंवारा।।

जो हैं काम–रात दिन करते, सदा खड़े होकर के ही।
इसके अलावा मोटापा व, व्यायाम का अभाव ही।।
हो सकती है यह बीमारी, किसी में कभी भी उत्पन्न।
मगर काफी डर सर्जन, निषाद, सैनिक, सिपाही को ही।।

यह बीमारी एक टाँग में, या दोनो में हो सकती।
खून ले जाने की नसों का, वाल्ब खराब कर सकती।।
तब परिणाम स्वरूप नसों में, होने लगता खून जमा।
पैरों में दर्द व खुजलाहट, थकान सूजन हो सकती।।

पहले नसों की स्ट्रेपिंग से, होता रहता था इलाज।
जिसका पूरी नसें काटकर, सर्जन करते थे आगाज़।।
रहता शल्य क्रिया उपरान्त, एक बडा भद्दा निशान।
अधिक रहने से अस्पताल में, गिरे मरीजों पर गाज।।

रेडियो फ्रीक्वेंसी एब्लेशन, है एक आधुनिक तकनीक।
न इसमें चीरा लगता और, मरीज होए जल्दी ठीक।।
बस इसमें एक पतली सुई, से ऊष्मा ऊर्जा भेजते।
ताकि फूली हुईं नसों को, जला जला करें सटीक।।

चीरा नहीं लगाना पड़ता, स्वास्थ्य लाभ जल्दी से।
वेरिकोज दुबारा बन सकतीं, कभी कभी ही गल्ती से।।
इसका इलाज भी सम्भव है, गोलियों से आरम्भ में।
जब बात बिगड़ जाए काफी, अच्छी होए सर्जरी से।।

❖❖❖

किन्नर
सामाजिक, वैज्ञानिक दृष्टि

सम्पूर्णता देने में जहाँ, ईश्वर जरा ठिठका दिखा,
सन्तान का सामाजिक गुण, मुख, गाल सब पिचका दिखा।
कैसे भला जद्दो जहद यह, कौम कर सके संसार में,
जब उसकी बनावट का एक, खास पृष्ठ अनूठा दिखा।।

यूँ तो सभी कारस्तानियाँ, जीन, क्रोमोजोम्स की हैं,
घटनाओं के वशीभूत हो, मानव ने बहुत सही हैं।
पति–पत्नी ही केवल होते, सुख–दुःख के साझीदार,
जिनकी मनोविकृत तरंगों, ने सब घटनायें जी हैं।।

उत्पन्न हुए बच्चे को तो, कुछ भी पता नहीं होता,
सकल परिस्थितियों से अंजान, सब जैसा जगता सोता।
सामाजिक संस्कारों कारण, इधर–उधर आते–जाते
मुख बाँधना पड़ जाता जब, कोई कुछ कहता होता।।

इन बच्चों को भी जीने का, वैसा ही अधिकार मिले,
जैसे मिलने से दूजों के, चेहरे दिखें खूब खिले।
मात–पिता समझें बढ़ी हुई, अपनी भी जिम्मेदारी को,
किन्नर बच्चों के साथ खड़े, हो आघातों को सह लें।।

जननांग देख कर किसी को, लड़का या लड़की कहते,
अज्ञात कारणोंवश वे कुछ, अंगों से पुष्ट न रहते।
और बड़े होने पर इनमें भी, कुण्ठाएँ घर कर लेतीं,
नर मादा के मध्य कहीं भी, सदा झूलते ही रहते।।

सारा दोष ऊतकों द्वारा, स्रविता हारमोन्स का है,
कहाँ–कहाँ से कौन निकालें, निर्माणी संस्था का है।
कभी–कभी क्यों नहीं निकलते, मतभेद वैज्ञानिकों में,
मगर सवाँरने का दायित्व, सामाजिक संस्था का है।।

पूर्व में समाज जागृत था, लेकिन आज विकृत दिखता,
कई प्रथाओं का होता अब, नहीं अनुशीलन दिखता।
वर्ना बड़े आदर से किन्नर, देते थे आकर आशीष,
लेन–देन के रिवाज़ से ही, बर्बाद हुआ रिश्ता दिखता।।

❖❖❖

हनटिंगटनस कोरिया
(Huntingtons Chorea)

यह बीमारी आनुवांशिक रोग, श्रेणी में ही आती है,
दिमागी तांत्रिक कोशिकायें, जहाँ पर टूट जाती है।
आमतौर पर तीस चालीस, की आयु पर शुरू होती,
इलाज से आराम मिले पर, ठीक नहीं हो पाती है।।

कार्टेक्स बेसल गैंगलिया, की बीमारी होती है,
और यह जवानी के दिनों में ही समझो आती है।
इसमें कौरीफार्म चलता, तथा दिमाग पतन होता,
चाल झटके के साथ धीरे, धीरे से बढ पाती है।।

अनियंत्रित आन्दोलन तथा, समस्या में शामिल रहते,
कई तो पारिवार के लोगों, तक को न पहचाना करते।
शारीरिक, व्यवहारिक बदलाव, दिखते मुख्य लक्षणों में,
दोषपूर्ण जीन के साथ वे मजबूर ही जिया करते।।

असलियत को नकारना तथा, एकाग्रता का अभाव भी,
गतिविधि में धीमापन होना, तथा भूलने की बीमारी।
माँसपेशियों की ऐंठन व, सुध–बुध का भी खो जाना,
खुद पर नियंत्रण की कमी व, समझने की परेशानी।।

बेचौनी में शरीर हिलाना, मनगढंत देखना घटना,
लगातार कुछ करते रहने, से खुद को रोक न पाना।
चिड़चिड़ापन, कंपकंपी दिखती, व बोलने में कठिनाई,
यातना और साजिश का भ्रम, व मिजाज बदलते जाना।।

वैकल्पिक चिकित्सा की सोचें, तो भाषण अच्छा लगता,
शारीरिक उपचार के साथ, व्यवसायिक अच्छा लगता।
दूसरों की छींटाकशी को, यदि नजरन्दाज कर दें तो,
रोज का यही माहौल हमें, सुखान्त व अच्छा लगता ।।

❖❖❖

सिस्टिक फाइब्रोसिस
(Cystic Fibrosis)

यह आटोसोमल रिसेसिव,
पैतृक बीमारी होती है।
जो शिशु काल से पैदा होकर,
के असल रूप दिखलाती है।।
इलाज के लिए उच्च प्रोटीन,
कम वसा की थाली होती।
विटामिन 'ए' और पैन्क्रियाटिन,
पाचन हेतु जोड़े जाते हैं।।

श्वसन तंत्र बीमारियों हेतु,
संक्रमणरोधी दीवार बनाते।
पसीने की ग्रंथियों का भी,
ये कचूमर ही निकलवाते।।
बीमारी नई—नई ही है,
लेकिन ठीक नहीं हो पाती।
ढोल बजाने से न फायदा,
जब झाड़ू सी है लग जाती।।

❖❖❖

कवि परिचय

नामः– डॉ. सुभाष चन्द्र गुरुदेव।

पत्नीः– श्रीमती लीला गुरुदेव।

सुपुत्रः– स्व. श्री केदार नाथ गुरुदेव।

सुपौत्रः– स्व श्री मन्नी लाल गुरुदेव स्वतंत्रता संग्राम सेनानी।

उम्र :– 73 वर्ष।

निवासीः– ग्राम व पोस्ट गहरौली, जिला– हमीरपुर, उ.प्र.।

सम्प्रतिः– फ्लैट के 1, बंसल, हलवासिया एन्क्लेव, एच.ए.एल. के सामने। फैजाबाद रोड इन्दिरा, नगर, लखनऊ– 226016.

शिक्षाः– एम.एससी., वनस्पति शास्त्र, एम.बी.बी.एस. गाँधी मेडिकल कालेज, भोपाल, म.प्र.।

सेवाः– पी.एम.एच.एस. उ.प्र. । 14–11–1973 से 28–2–2007 तक।

सहायक चिकित्सा अधीक्षकः– आर.डी.गार्डी, मेडिकल कालेज, उज्जैन। 2007 से 2012 तक।

सीनियर रेजीडेण्ट मेडिसिनः– हिन्द मेडिकल कालेज, सफेदाबाद, लखनऊ, उ.प्र. 2012 से 2014 तक।

कार्यक्रम सलाहकारः– सहारा परिवार मेडिकल हैल्थ यूनिट, लखनऊ। 2014 से 2015 तक।

सीनियर रेसीडेण्ट मेडिसिनः– मेयो मेडिकल कालेज, बाराबंकी, उ.प्र. 2015 से 2016 तक।

प्रकाशित पुस्तकेंः– 1. सुन्दरम, 2. सत्यम्, 3. शिवम्, 4. अरगनी, 5. स्वास्थ्य संहिता, 6. आनुवांशिक उत्पात।

सम्मानः—

1. 'चित्रकूट महोत्सव कर्वी' चित्रकूट वर्ष 1997।
2. निराला हसरत मोहानी मेमोरियल सोसाइटी, मोहान, उन्नाव। उ.प्र.वर्ष 2004।
3. आर.डी. गार्डी इन्सटीट्यूट आफ मेडिकल साइंसेज, उज्जैन, म.प्र.। कविता प्रतियोगिता में प्रथम पुरुस्कार वर्ष 2010
4. राज्य कर्मचारी साहित्य संस्थान लखनऊ, उ.प्र. द्वारा 'साहित्य गौरव सम्मान' वर्ष 15—16।
5. साहित्यिक सांस्कृतिक कला संगम अकादमी, प्रतापगढ़, उ.प्र. द्वारा 'साहित्य वारिधि' वर्ष 15—16
7. पुस्तक 'स्वास्थ्य संहिता' को इण्डिया बुक आफ रिकार्डस ने इण्डिया की तथा एशिया बुक आफ रिकार्डस ने एशिया की प्रथम पुस्तक का सम्मान 2018 में दिया है। इसके साथ पूरे वर्ष की श्रेष्ठ 100 पुस्तकों में स्थान के पाने के कारण मुझे अन्तर्राष्ट्रीय मंच से सम्मानित तथा काव्य पाठ का भी अवसर 15 मार्च 2019 को भोपाल, म.प्र., भारत में प्रदान किया।
8. उ.प्र. हिन्दी साहित्य संस्थान लखनऊ द्वारा मेरी पुस्तक साहित्य संहिता के लिए 9/2019 को 'पं सत्यनारायण शास्त्री' पुरस्कार घोषित किया गया और 30 दिसम्बर 2019 को प्रदान किया गया।